나무에 돈이
열린다면

나무에 돈이
열린다면

경제학에 대한 중요한 질문 50가지

데이비드 보일 외 지음 | **정록엽** 옮김

황소걸음
Slow & Steady

머리말

경제학은 고대 그리스에서 시작되어 스코틀랜드 출신 철학자 애덤 스미스Adam Smith가 1776년 『국부론The Wealth of Nations』을 출간하면서 독자적인 학문으로 등장했다. 그다음 세대의 통계학자, 정치경제학자, 수학자 등에 의해 경제학은 오늘날 우리가 알고 있는 학문 분야로 발전했다.

그러나 경제학은 인문학과 과학의 성격을 띠면서 양쪽의 도움을 받는 독특한 학문이다. 어떤 경제학자들은 도표와 공식을 선호하는 반면, 영국의 경제학자 존 케인스John Maynard Keynes가 말한 것처럼 '머릿속에 있는 거대한 털북숭이 괴물'과 함께 일어나는 아이디어에 대해 연구하는 것을 선호하는 경제학자도 있다. 오늘날 경제학은 도표에 많은 중요성을 부여한다. 그 결과 1999년 소르본대학Université de la Sorbonne에서 경제학 수업에 반대하는 학생운동이 일어났다. 학생들은 덜 '자폐적인' 방법으로 경제학을 배우고 싶다고 했다.

학생들이 주도한 '탈脫자폐적 경제학 운동'에는 중요한 목표가 있었다. 돈의 원리를 설명하는 모든 공식과 모델이 경제학자가 현실 세계를 직시하는 것을 방해하지 못하도록 보장하라는 것이었다. 학생들은 심리학과 생물학 같은 다른 학문이 인간의 삶과 행동, 소비 방식에 대해서 주는 통찰을 경제학자들이 이해하기 바랐다.

소르본대학 학생들은 목표를 달성했다. 정부가 경제학 교수법을 조사해서 학생들의 의견이 정당하다는 것을 밝혔고, 그 결과 커리큘럼이 수정되었다. 같은 이유로 전 세계 경제학도들이 속속 탄원을 제기하기 시작했다. 그러나 이런 노력에도 경제학으로 유명한 주류 대학들은 여전히 경제 공식에 집착하고, 현실 세계를 설명하려는 의지가 부족하다. 그들은 다양한 가능성이 존재하던 경제학의 역사를 잊어버린 것이다.

자, 이제부터 경제학을 사랑하는 모든 사람들이 바란 대로 경제학이 순수하고 열정적인 학문이던 순간을 다시 꿈꿔보자. 그리고 이렇게 상상해보자. 당신은 노트와 계산기를 가지고 아마추어 경제학자가 되어 셜록 홈스Sherlock Holmes처럼 복잡한 세상을 이해하기 위해 길을 떠난다. 이것이 우리가 이 책을 통해서 이루고자 한 것이다.

우리는 다양한 경제학자들과 경제 전문가들에게 그들의 주 업무인 예측과 설명을 부탁했다. 나무에 돈이 열린다면 어떤 일이 일어날까? 현재 경제와 세상의 작동 원리가 모두 변하면 어떻게 될까? 이 질문에 우리가 스스로 대답하지 말고, 이런 문제를 평생 고민해온 전문가들의 생각을 들어보자.

이것이 이 책의 목표다. 이 책은 세상이 지금과 다른 모습으로 바뀐다면 어떤 결과가 나타날지 예측하고, 그 과정을 통해 미래의 다양한 가능성을 열어보고자 한다. 이 책을 통해서 우리는 주변 상황이 조금 혹은 많이 달라질 경우 세상이 어떤 모습으로 변할지 상상할 것이다. 이 책은 또 판에 박힌 틀에서 벗어나 세상을 새로운 관점으로 바라볼 수 있도록 우리를 안내해줄 것이다.

나는 이 책이 변화에 대한 욕구를 조금이라도 자극하는 혁명적인 책이 되길 바란다. 미래가 지금과 다른 모습이라면 우리는 현실 세계에서 일어날 상황을 예상하고 다른 방법으로 대처할 것이다. 미래는 변할 것이다. 다른 것은 몰라도 미래가 지금 우리의 모습과 다를 것이라는 점은 확신할 수 있다.

이 책이 혁명적인 것만은 아니다. 책 속의 추론들이 심각한 경고를 품고 있기 때문이다. 변화는 결코 홀로 발생하지 않는다. 변화는 다양하고 독특한 부작용과 경제학자가 아니면 예상할 수 없고, 기대하지 않은 이차적인 변화를 동반한다. 의도하지 않은 결과를 낳는 법칙이 이렇게 시작되고, 우리는 이 책에서 이 법칙이 무엇인지 확인할 것이다.

"나에게 한 가지 이야기를 하는 경제학자를 데려다주시오!" 전 미국 대통령 토머스 윌슨Thomas Woodrow Wilson은 경제학자들이 자신의 질문에 '어떻게 보면…' '다른 측면에서 보면…'이라고 대답하는 모습에 강한 불만을 드러냈다. 이것이 바로 의도하지 않은 결과다. 하지만 경제학자들이 자신의 예상이 벗어날 것에 대비해 온갖 단서를 달아서 자신을 보호하려는 경향이 있다는 것도 사실이다.

돈의 본질부터 지구의 환경적 제약에 이르기까지 수많은 문제에 대해 고민하고 이 책을 저술한 경제학자들은 모두 한 가지 가능성만 이야기한다. 이럴 수도 있고 저럴 수도 있다고 말하지 않는다. 이들은 직설적으로 꾸밈없이 말하고, 절대 돌려서 말하지 않는다. 당신이 이들의 말에 동의하지 않을 수도 있다. 혹은 지은이들끼리 서로 동의하지 않을 수도 있다. 하지만 당신은 돈에 관한 미래와 우주의 생성 원리에 대해서 그 원인을 하나씩 밝혀가며 명확한 예측과 추론을 할 수 있을 것이다.

애덤 스미스 같은 사람들이 오로지 노트와 계산기를 들고 세상의 과거와 미래를 해석하려 한 것처럼, 나는 독자들이 책을 한 페이지씩 읽어가면서 경제학의 개척 정신을 다시 품길 소망한다.

데이비드 보일 David Boyle

차
례

03 People 사람

04 Markets 시장

05 Green 환경

06 Finance 금융

07 Business 비즈니스

베네치아Venezia의 여행가 마르코 폴로Marco Polo는 『동방견문록』에서 다음과 같은 문장으로 한 장을 시작한다. "몽골의 칸khan이 종이처럼 만들어진 나무껍질을 온 나라에 돈처럼 유통시킨 모습은 매우 놀라웠다!" 마르코 폴로는 지폐를 보고 경탄을 금치 못했고, 칸의 명령에 따라 지폐가 어떻게 사용되는지 설명했다. 칸이 발행한 지폐를 받아야 할지 말지 고민할 필요는 없었다. 이것은 칸의 명령이기 때문이다.

오늘날 경제학자들은 단지 존재하는 돈에 대해 설명하는데, 이는 경제 당국에서 돈이 '지시fiat' 화폐로 존재한다고 말하기 때문이다. 그들은 구약성경 「창세기」 도입부에 사용된 단어를 빌려 쓴 것이다(fiat lux, '빛이 있으라'). 하지만 돈의 정의 문제는 말할 것도 없고, 지금의 돈을 이해하는 일이 마르코 폴로에게는 절대로 쉬운 일이 아닐 것이다. 추정컨대 대략 4조 달러가 매일 전 세계에 유통된다. 그중 3퍼센트만 동전이나 마르코 폴로가 목격한 지폐 형태로 존재하고, 거의 대부분 바이트Byte로 구성되어 전자 정보로 유통된다.

우리는 과거에 잉글랜드은행Bank of England과 뉴욕New York 연방준비은행FRB이 금고에 돈과 금을 보관한 것을 목격했다. 이 은행들은 2차 세계대전 이후 전 세계에 있는 금을 상당량 보관한 곳이다. 그러나 현재는 아무것도 눈에 보이는 대로 존재하지 않는다. 예컨대 돈이 금속과 종이 형태를 벗어나 정보 자체로 존재하기 때문에, 저축할 수 있는 돈의 한계는 거의 없다. 이는 직불 거래와 신용거래가 거의 동일하다는 의미다. 거래는 컴퓨터 신호음으로 표시되

고, 그 순간 물건을 판 사람에게는 신호음 자체가 수익을 의미한다.

　돈의 형태가 바뀜에 따라 다양한 질문이 발생한다. 이 장에서 지은이들이 이 문제들과 씨름한다. 모든 사람이 부자라면 어떻게 될까? 빚을 전부 탕감해주고, 모든 사람이 새 출발한다면 어떨까? 금과 땅콩의 가치가 똑같거나, 나무에서 돈이 열리면 어떻게 될까? 우리는 이 장에서 오늘날 돈이 어떻게 사용되는지도 생각해볼 것이다. 우리가 한 가지 국제통화를 사용한다면 강대국과 약소국 사이에 이상한 부작용이 유발될까? 우리가 모두 지역 통화를 사용한다면 문제가 될까? 지금부터 당신의 생각과 전문가들의 생각이 어떻게 다른지 살펴보자.

우리 모두
부자라면

팀 루닉 Tim Leunig

부자가 된다는 것은 절대적인 개념인 동시에 상대적인 개념이다. 나는 충분한 음식을 먹고 좋은 집에 산다는 점에서 부자라고 할 수 있다. 이 책을 읽는 독자들도 대부분 나와 같은 행운아일 것이다. 이렇게 보면 우리 모두 부자가 될 수 있다. 하지만 부자가 된다는 것은 상대적인 개념이기도 하다. 당신은 부자를 피카소Pablo Picasso의 그림을 소장하거나, 센트럴파크Central Park가 내려다보이는 멋진 동네에 집을 소유한 사람이라고 정의할 수도 있다. 이런 측면에서 보면 세상의 재화와 기회가 제한되기 때문에, 모두 부자가 되는 것은 불가능하다.

모든 사람들이 똑같이 굉장한 부자인 세상에서는 사람들이 각자 취향에 따라 살지만, 모두 풍요롭게 살 것이다. 모터보트보다 미술을 좋아하는 사람들은 모터보트 대신

미술품을 소장할 것이다. 더 많은 사람들이 센트럴파크가 내려다보이는 집에서 살기 원한다면 공원 주변에 더 높은 건물이 들어설 것이고, 나중에는 또 다른 장소를 물색할 것이다.

종종 최고 부자는 하인을 부리는 것으로 묘사된다. 하지만 모든 사람이 부자라면 하인은 매우 높은 임금을 받을 것이고, 부자는 아주 짧은 시간도 하인을 고용할 수 없을 것이다. 결국 하인들이 하는 일은 기계화될 수밖에 없다. 이런 기계화는 광범위하게 일어나고 있다. 세탁기, 빨래 건조기, 식기세척기 등은 중산층 가정에서 쉽게 찾아볼 수 있는 기계화의 예다. 사람들은 하인을 정규직으로 고용해야 할 필요성을 느끼지 않는다. 집의 모든 바닥을 알아서 청소하는 로봇 청소기가 일상적인 물건이 되었다. 자동 세척 창문은 높은 임금을 받는 유리창 청소부를 대신할 것이고, 이와 유사한 기술은 목욕탕 내부나 다른 분야에 적용될 것이다.

역사적인 관점에서 보면 거의 모든 사람들은 부자다. 200년 전만 해도 음식과 안전한 식수, 적절한 위생 시설과 의료 서비스, 좋은 집과 초등교육 같은 혜택을 누리는 사람은 별로 많지 않았다. 오늘날 여섯 명 중 다섯 명은 이 모든 혜택을 누리고, 그 비율도 점점 증가한다. 현재 세상에 사는 사람들 중에는 전통적으로 정의되는 절대적 가난을 평생 목격하지 않을 사람도 있다.

놀라운 사실

1900년 영국에서 가정부로 일하는 사람들은 전체 근로자의 **13**퍼센트를 차지했다.

2008년 캐나다에서 가정부로 일하는 사람들은 전체 근로자의 **0.4**퍼센트를 차지했다.

2008년 사우디아라비아에서 가정부로 일하는 사람들은 전체 근로자의 **11**퍼센트를 차지했다.

 함께 생각하기

◆ 돈이라는 게 없다면 | 34쪽

◆ 모두 월급이 똑같다면 | 74쪽

나무에 돈이
열린다면

토니 그린햄 Tony Greenham

어떻게 보면 돈이 나무에 열린 적이 있다고 말할 수 있다. 중세 영국 왕은 나뭇가지로 비용을 지불했다. 개암나무 가지 한쪽 면에 지불해야 할 금액을 새긴 뒤, 나뭇가지를 반으로 쪼개서 한쪽 나뭇가지로 다른 쪽 나뭇가지의 진위를 가릴 수 있도록 했다. 이 나뭇가지 어음은 왕이 돈을 갚겠다는 분명한 약속이었다. 사람들은 세금을 내야 할 때 사용할 수 있다는 사실을 잘 알기 때문에, 기쁘게 나뭇가지 어음을 받았다. 나뭇가지 어음은 많은 나라에서 사용되었고, 19세기까지 유통되었다.

나뭇가지뿐만 아니라 다른 물건도 돈처럼 사용되었다. 미크로네시아의 얍Yap이라는 섬에 있는 큰 돌들도 돈처럼 사용되었다. 지폐는 7세기 중국에서 처음 도입되었다. 금화 같은 돈은 그 자체가 값어치 있었지만, 나뭇가지 어음

이나 지폐는 상징적인 돈이었다.

돈이 나무에서 열리거나 땅에서 자란 것이 아니라면 어디에서 왔을까? 오늘날 돈은 대부분 디지털 방식으로 은행 계좌의 잔액으로 표시된다. 하지만 계좌에 실제로 예금이 있는 것이 아니다. 계좌 속 예금은 나뭇가지 어음처럼 돈을 줄 것이라는 약속이다. 다만 이번에는 약속한 주체가 왕이 아니라 은행이다. 은행이 더 많은 예금을 가지면 은행은 더 많은 약속을 하고, 돈의 양은 계속 증가한다.

경제에서 거래되고 투자되는 양보다 많은 돈이 생산되면 돈은 가치를 잃는다. 반면 생산되는 돈의 양이 감소하면 투자 감소와 실업률 증가로 경제는 난관에 봉착한다. 그렇기 때문에 돈을 무엇으로 만드는지는 문제가 되지 않는다. 중요한 것은 경제에서 얼마나 많은 돈이 유통되느냐, 우리가 그 가치를 얼마나 확신하느냐 하는 문제다. 우리가 나뭇잎을 사용한다면 그 확신이 힘들 것이다. 역사학자 니얼 퍼거슨 Niall Ferguson이 말했다. "돈은 금속이 아니다. 돈은 그 위에 믿음을 새긴 것이다."

정말 나무에 돈이 열린다면 유통되는 돈의 양을 통제할 수 없다. 하이퍼인플레이션이라는 과정을 통해 돈의 가치는 급격히 하락한다. 사람들은 돈의 가치를 신뢰할 수 없고, 돈은 지불수단으로 받아들여지지 않을 것이다. 1920년대 독일에서 이런 일이 실제로 발생했다. 독일은 미국의 지원을 받아 완전히 새로운 화폐를 도입한 뒤에야 겨우 돈에 대한 신뢰를 회복할 수 있었다.

 놀라운
사실

현재 전 세계에 존재하는 돈은 **85**조 달러다.

역사상 가장 큰 고액권은 1946년 헝가리에서 발행된 **1**해垓 펜거pengö(과거 헝가리 화폐단위—옮긴이) 지폐다. 1해는 1 뒤에 0이 20개 붙은 숫자다.

영국에서는 나뭇가지 어음이 **700**년 동안 사용되었다.

함께
생각하기

◆ 돈에 열역학법칙을 적용한다면 | 30쪽

◆ 돈이라는 게 없다면 | 34쪽

빚을 모두
탕감한다면

토니 그린햄 Tony Greenham

고대 유대인은 율법에 따라 50년마다 희년禧年을 선포했다. 빚이 탕감되었고, 노예에게 자유가 주어졌으며, 땅은 원래 소유주에게 소유권이 이전되었다. 이와 유사하게 고대 바빌로니아에서도 희년 정신에 따라 빚이 탕감되었고, 돈을 갚지 못해 붙잡힌 사람들은 고향으로 돌려보냈다.

고대사회에서는 흉작으로 농부들이 감당할 수 없는 빚과 이자에 시달리는 경우가 빈번해서, 빚을 면제해주는 관습은 경제 질서를 유지하는 데 크게 기여했다. 농부들의 땅과 소득을 압류하는 것은 더 큰 문제를 유발했다. 땅을 공동의 소유, 궁극적으로 신의 소유라고 생각했기에 그들이 오랫동안 농사를 짓고 살던 땅으로 채무자를 돌려보내는 것은 그리 어려운 일이 아니었다. 그렇기 때문에 땅은 영구적으

로 사고팔 수 있는 대상이 아니었다.

뿐만 아니라 당시 사람들은 농부가 노동한 대가로 받는 이자는 돈을 빌려준 사람에게 일방적으로 유리하고, 그 자체가 부당한 것이라고 생각했다. 최근 '주빌리Jubilee2000'은 전 세계 강대국들에게 그들이 돈을 빌려준 가난한 나라의 빚을 탕감해줄 것을 요구했다. 가난한 나라를 과도한 채무 부담에서 벗어나게 함으로써 더 성장하도록 도울 수 있으며, 결국 모든 이들에게 이익이 된다는 주장이다. 좀 더 일반적인 빚 탕감 정책은 모든 이들의 더 나은 미래를 위해 부유층이 부를 조금씩 내려놓도록 유도하는 것이다. 근대 이전의 사회에서는 경제가 성장하지 못했기 때문에 빚을 탕감해주는 일이 꼭 필요했다.

당신의 소득이 해마다 꾸준히 증가한다면 빚이 더 늘어도 감당하기 어렵지 않을 것이다. 산업혁명 이후 급속한 경제성장 덕분에 바빌로니아 시대와 비교해보면 빚은 큰 문제가 아니다. 하지만 생태학적 압력이 미래의 성장을 더디게 할 것이라는 주장이 일각에서 제기되고 있다. 그렇게 되면 우리는 증가하는 지급불능 상태에 대한 해결책으로 빚 탕감의 가치를 재발견할지도 모른다.

빚을 탕감해주는 것은 무책임한 행동을 양산할 위험성이 있다. 경제학자들이 이를 '도덕적 해이'라고 부른다. 사람들이 돈을 흥청망청 쓰고, 어차피 갚을 필요가 없다는 것을 알기에 채무 상태를 유지한다면 어떻게 될까? 돈을 빌리지 않은 사람들이 빚을 탕감해주는 것이 불평등하다고 주장하지 않을까? 빚을 탕감해주는 것은 특정한 상황에서 옳은 선택이 될 수 있지만, 이에 대해 명쾌한 해답은 없다.

놀라운 사실

주빌리2000을 통해 **1200**억 달러에 이르는 부채가 면제되었다.

현재 미국 학자금 대출 총액은 **9660**억 달러에 이른다.

2010년 전 세계 부채 총액은 **109**조 달러다. 이는 국가와 기업, 가계의 부채를 모두 합한 수치로, 이 가운데 90퍼센트는 2000년부터 10년간 발생한 부채다.

함께 생각하기

◆ 경제성장이 멈춘다면 | 130쪽

◆ 이자가 없다면 | 134쪽

돈에 열역학법칙을
적용한다면

토니 그린햄 Tony Greenham

우리는 일반적으로 돈이 물리학 법칙과 관련 있을 거라고 생각하지 않는다. 하지만 어떤 경제학자들은 돈과 물리학 법칙의 연관성을 꾸준히 주장해왔다. 돈은 복리 이자를 통해 그 양이 무한대로 늘어날 수 있고, 시간이 지나도 부패하지 않기 때문에 파괴될 수 없다. 이런 점에서 돈은 열역학법칙이 적용되는 모든 자연 물질과 다르다.

열역학 제1법칙은 에너지와 물질은 새로 만들어질 수 없고, 그 형태가 변할 뿐임을 증명한다. 열역학 제2법칙에 따르면 에너지와 물질이 다른 형태로 변하면 그 에너지 가치는 감소한다. 그러면 왜 이 법칙이 중요할까? 자연 세계에서 영구적인 가치 보장 수단을 찾기는 매우 어렵다. 음식은 부패하고, 금속은 녹슬며, 돌은 부서지기 때문이다.

땅도 생산성을 유지하기 위해서는 지속적인 관리가 필요하다. 그러므로 경제적 생산은 열역학법칙의 지배를 받는다.

이와 달리 돈은 부패하지 않는다. 어떤 자연 물질도 영원히 성장할 수 없다. 하지만 이자가 붙는 계좌에 있는 돈은 영원한 성장이 가능하다. 이 때문에 어떤 경제학자들은 돈에 취급 수수료와 마이너스 금리를 적용해서 돈이 녹슬도록, 즉 시간이 흐르면서 그 가치가 줄어들도록 만들어야 한다고 주장한다.

실제로 1930년대 대공황 당시 미국과 유럽에서 이런 화폐가 도입되었다. 지역 정부와 상공회의소가 현금처럼 사용할 수 있는 상품권을 발행했는데, 상품권의 효력을 유지하기 위해서는 매주 그 위에 우표를 사서 붙여야 했다. 이 상품권은 매우 빠르게 유통되었고, 심지어 사람들이 세금을 미리 내는 일이 벌어졌다. 그 결과 지역 경제가 다시 살아났고, 사람들이 직장으로 돌아갔다. 그러나 중앙은행과 정부는 우표 상품권의 부작용을 인식하고 사용을 폐지했다.

마이너스 이자율은 돈에 대한 우리의 생각을 바꿀 것이다. 돈이 더는 가치 보장 수단이 될 수 없기 때문이다. 돈은 단지 상품과 서비스의 편리한 거래 수단으로 사용될 것이다. 미래를 대비한 장기 저축을 위해서 우리는 주식, 회사채와 공채, 토지와 건물 혹은 귀금속이나 미술품 등 좀더 실질적인 자산에 투자해야 할 것이다.

 놀라운
사실

대공황 당시 미국은 우표 상품권 **4000**장을 발행했다.

 함께
생각하기

◆ 돈이라는 게 없다면 | 34쪽

◆ 이자가 없다면 | 134쪽

돈이라는 게 없다면

토니 그린햄 Tony Greenham

돈이란 무엇인가? 이것은 생각보다 어려운 질문이다. 경제학자들은 보통 돈의 기능을 설명해서 이 질문에 해답을 제시하려고 한다. 돈은 주로 계산의 단위, 가치 보장 수단, 거래의 매개체로 사용된다. 하지만 이것은 충분한 해답이 되지 않는다. 과거에는 조개껍데기가, 현대 교도소에서는 담배 같은 물건이 돈의 기능을 완벽하게 수행해왔기 때문이다. 꼭 물건을 사용해야 하는 것도 아니다. 수천 년 전, 메소포타미아 공동체들이 물리적인 돈을 사용하지 않고 물건을 거래했다는 기록이 점토판에 남아 있다. 그러므로 돈은 물건이 아니라 지불한다는 약속 혹은 사회적인 관계로 정의될 수 있다.

돈은 상호적 관계다. 왜냐하면 우리가 다른 사람에게 무언가 준 대가로 가치가 동일한 노동이나 물건을 받기를

기대하기 때문이다. 물론 모든 사회적 관계에서 이 원리가 적용되는 것은 아니다. 역사를 들여다보면 인간 공동체는 선물 경제에서 돈이 없는 상태로 더 많은 시간을 보냈다. 선물 경제에서 우리는 노동으로 얻은 결실을 다른 사람의 필요를 위해 제공한다. 이것을 기쁘게 하는 이유는 다른 사람들도 우리가 도움이 필요할 때 똑같이 해줄 거라고 확신하기 때문이다. 계산하기 위해 돈을 쓸 필요가 없다. 이 정도 믿음은 작고 유대 관계가 강한 공동체나 대가족에서 가능하나, 서로 잘 모르는 사람과는 불가능하다.

직접적인 물물교환만 가능하다면 낯선 사람들과도 돈 없이 거래할 수 있다. 그러기 위해서는 거래를 원하는 사람들에게 서로 원하는 물건이 있어야 한다. 단순한 물물교환에서는 이런 거래가 가능하겠지만, 현대사회에서 많은 상품과 서비스는 다양하고 전문화된 직업에 종사하는 사람들에 의해 생산되기 때문에 돈 없는 거래는 불가능하다.

돈이 없다면 다른 사람에게 우리가 가진 것을 무료로 주면서, 그들도 기꺼이 우리의 필요를 충족해주리라고 믿을 수밖에 없다. 많은 사람들이 이런 세상을 꿈꿔왔고, 작은 공동체에서 이런 삶의 방식에 성공한 사례도 있다. 하지만 이런 공동체도 다른 공동체와 거래해야 한다. 이런 경제 시스템에서 컴퓨터나 약을 생산하는 데 필요한 대규모 공업 생산과 고도로 전문화된 직종을 기대하기는 어려울 것이다.

 놀라운
사실

전 세계 무역의 **20**퍼센트는 돈을 사용하지 않고 진행된다.

UN은 전 세계 노동의 **75**퍼센트를 여성이 감당하는 것으로 조사했다. 하지만 여성은 전체 임금의 10퍼센트를 받을 뿐이다.

 함께
생각하기

◆ 나무에 돈이 열린다면 | 22쪽

◆ 정부가 모든 사람에게 충분한 생활비를 지급한다면 | 82쪽

지폐를 계속
찍어낸다면

더 많은 화폐를 발행하는 것은 과거에 부정적인 평가를 받았다. 프랑스에서 활동한 영국의 재정가 존 로 John Law는 1716년 프랑스의 부채를 해결하기 위해 지폐를 남발했고, 그 결과 파리Paris 사회에 대혼란을 일으켰다. 이 사건은 18세기 말 프랑스혁명의 주범으로 지목되는 오명을 떠안았다. 미국에서도 1690년대부터 매사추세츠 Massachusetts주에서 화폐를 발행했는데, 과도한 지폐 발행은 미국독립혁명에 불을 붙였다.

미국독립전쟁이 절정에 다다랐을 때, 미국 건국의 아버지이자 화폐 발행의 열렬한 지지자 벤저민 프랭클린Benjamin Franklin이 말했다. "돈은 우리가 잘 관리할 때 훌륭한 도구가 된다. 우리가 돈을 발행하면 돈은 주어진 임무를 수행한다. 돈은 군인들에게 월급과 옷, 식료품과 탄약을 제공

한다. 하지만 우리가 불가피하게 많은 돈을 발행하면 돈은 자신의 가치를 떨어뜨린다." 프랭클린은 문제의 본질을 바로 지적했다. 경제 시스템에 기름을 공급하는 행위 이면에 가치 하락이라는 문제가 있다. 상품의 수가 제한된 환경에서 많은 돈이 유통되면 인플레이션이 발생하고, 돈의 가치는 하락한다.

때때로 인플레이션은 대재앙이 된다. 1921년부터 3년 동안 바이마르공화국(1차 세계대전 후인 1918년에 일어난 독일혁명으로 1919년 성립하여 1933년 나치스 정권 수립으로 소멸된 독일 공화국의 통칭−옮긴이)을 강타한 하이퍼인플레이션에 독일이 무리하게 대출을 받아 승전국들에게 배상금을 지불한 것이 큰 영향을 미친 것으로 보인다. 하이퍼인플레이션 당시 마르크의 가치는 달러당 60마르크에서 4조 2000억 마르크로 급락했다.

돈의 가치에 대한 믿음이 완전히 붕괴된 비정상적인 상황 때문에, 사람들은 빵 하나를 사기 위해 돈을 가득 실은 수레를 끌고 거리로 나와야 했다. 하지만 빵집 앞에 늘어선 줄에 도착했을 때, 그 돈으로는 빵 한 조각도 살 수 없다는 것을 깨달았다. 1923년에 빵 450그램을 사기 위해서는 30억 마르크가 필요했고, 고기 450그램을 사 먹기 위해서는 360억 마르크를 내야 했다. 맥주 한 잔은 40억 마르크였다.

바이마르공화국은 1923년 금의 가치와 연계된 새로운 화폐를 도입하여 인플레이션에서 탈출했다. 헝가리, 폴란드, 북한, 이스라엘도 비슷한 문제를 경험했다. 최근 가장 심각한 인플레이션은 2004년 짐바브웨에서 발생했는데, 당시 물가 상승률은 624퍼센트에 달했다.

인플레이션은 사회를 무너뜨릴 수 있다. 대다수 역사가들은 바이마르공화국의 인플레이션이 국가기관을 무력하게 해서 10년 뒤 히틀러Adolf Hitler가 권력을 손에 넣는 토대를 제공했다는 데 동의한다. 인플레이션이 발생하면 저축과 부채의 가치가 사라져서 얼마 동안은 빚진 사람들에게 이익이 된다. 하지만 시간이 흐르면 상품의 가치가 희박해지고 소득의 가치도 급격히 떨어지기 때문에 극심한 고통을 겪는다.

　모든 돈이 이런 결과를 초래하는 것은 아니다. 우선 돈이 있어야 하는데, 돈은 보통 시중은행에서 담보대출 형태로 빌릴 수 있다. 이 대출금이 경제에 더 많은 노동의 기회를 창출하는 생산적인 산업으로 흘러간다면 물가는 안정을 유지할 수 있다. 하지만 이 돈이 소비와 투기에 사용된다면 인플레이션이 발생할 것이다.

　그러므로 얼마나 많은 돈을 발행할지는 중요한 문제가 아니다. 때때로 거래의 수단이 부족할 때 우리는 더 많은 돈을 만들어야 한다. 중앙은행은 이를 좀더 공식적인 표현으로 '양적 완화'라고 부른다. 정말 중요한 것은 발행한 돈을 어떻게 사용할까 하는 문제다.

금의 가치가
땅콩과 같다면

데이비드 보일 David Boyle

어느 날 아침, 잠에서 깨어 어떤 사람이 설탕 혹은 모래나 먼지로 금을 만드는 방법을 발견했다는 뉴스를 듣는다면 어떨까? 수 세기를 기다려온 연금술사들에게 이날은 꿈이 이루어진 날처럼 여겨지겠지만, 투자자와 중앙은행장에게는 재앙의 날이 될 것이다. 한 나라가 돈을 빌릴 수 있는 근거가 되는 금고 속의 모든 자산이 하루아침에 휴지 조각이 된 것이나 다름없다.

금의 가치가 땅콩과 같다면 금괴를 가져가도 땅콩밖에 살 수 없다. 미국 국가 부채를 대신할 담보물로 쓰기 위해 땅콩을 얼마나 모아야 할까? 기축통화(국제간 결제에 쓰이는 통화—옮긴이)가 지속적으로 증가하는 풍요로운 시대에는 금의 가치가 낮아져도 큰 문제가 되지 않는다. 하지만 투자자들이 자산 가치 보존 수단으로 금을 사용하고, 중앙은

행들이 불황에 대비한 안전 자산으로 금을 고집한다면 어떻게 될까? 세계경제는 공황에 빠지고 말 것이다. 채권자들은 금이 자신들이 가진 국채를 얼마나 보전해줄지 알아보느라 동분서주할 것이다.

금의 불확실성은 모든 것을 불확실하게 만들고, 전 세계 시장에서 공황 매도(가격이 하락하기 전에 소유권을 급히 파는 행위—옮긴이) 현상이 나타날 것이다. 큰 가치가 없는 희귀한 금속 중에서 금고에 넣어두는 것 말고는 별 쓸모가 없는 금속을 골라 비축할 것이다. 그중 상당수는 전 세계 금을 대부분 보유한 뉴욕 FRB에 보관될 것이다. 영국의 경제학자 존 케인스가 금을 '야만 시대의 유물'이라고 한 것은 놀랄 일도 아니다.

지금까지 금에 투자한 것이 물거품이 되었음을 깨달은 충격에서 벗어난 투자자들은 또 다른 문제의 해답을 찾아야 할 것이다. 다른 투자 수단이 모두 불확실한 불경기가 온다면 그들은 돈을 어디에 투자해야 할까? 오래된 미술품이나 고급 와인에 투자해야 할까? 반 고흐Vincent van Gogh나 레드 와인? 투자자들은 다른 귀금속으로 눈을 돌려야 할까, 아니면 은을 선택해서 신중하게 투자해야 할까?

놀라운 사실

전 세계에서 지금까지 채굴된 금의 양은 한 변이 **20**미터인 정육면체 정도로, 작은 이층집만 한 크기다.

스위스는 **1999**년까지 자국 화폐를 금과 연계하여 사용했다. 그리고 금본위제도(일정량의 금의 가치를 기준으로 단위 화폐의 가치를 재는 화폐제도—옮긴이)를 사용한 마지막 국가가 되었다.

함께 생각하기

◆ 나무에 돈이 열린다면 | 22쪽

◆ 돈으로 튤립을 살 수 없다면 | 150쪽

세계 단일 통화를
만든다면

토니 그린햄 Tony Greenham

세계 단일 통화는 다양한 혜택을 제공할 것이다. 국제무역은 더 수월해지고, 환전 비용은 사라질 것이다. 환율의 불확실성이 사라지고, 외환 거래 시장에서 날마다 예측하고 분석하는 작업도 필요 없는 일이 될 것이다. 생산 전문화를 통한 무역 증대와 효율성 증진은 이론상으로 모든 사람에게 더 윤택한 삶을 보장해준다.

하지만 여기에는 심각한 위험이 도사리고 있다. 동일한 화폐를 사용하는 것은 동일한 이자율을 공유한다는 의미다. 각국의 경제 실적이 큰 격차를 보인다면 모든 나라에게 이익이 되는 이자율을 정하는 일은 매우 어려울 것이다. 일부 경제학자들은 단일 통화가 성공하기 위해서는 반드시 정치적·재정적 연합이 필요하다고 주장한다. 이런 연합을 통해 자원이 부유한 지역에서 가난한 지역으로

이동할 수 있다.

각국의 통화와 국제통화를 같이 사용하는 것은 세계 단일 통화의 대안이 될 수 있다. 1944년 영국의 경제학자 존 케인스와 독일 출신 경제학자 에른스트 슈마허Ernst Friedrich Schumacher는 국제무역 체제의 안정화를 위해 '방코르Bancor'라는 국제 화폐를 제안했다. 방코르가 각국의 화폐를 대체하지는 않았으나, 국제무역은 해당국의 물물교환 청산 결제 방식으로 진행되었다. 즉 각국은 수입품의 대가로 가치가 동일한 수출품을 내놓아야 했다.

다른 화폐도 국제통화로 사용된 적이 있고, 금은 항상 국제통화로 사용되었다. 고대 로마Roma의 금화 아우레우스aureus와 20세기 미국 달러를 통해 볼 수 있듯이, 국제 거래 수단은 사실상 당대의 경제 강대국에 의해 결정된다. 21세기 월드와이드웹World Wide Web은 비트코인Bitcoin 같은 가상 화폐의 등장을 초래했다. 비트코인은 국경이 없는 인터넷 상거래를 가능하게 했다. 중국, 브라질, 인도 등 새로운 경제 대국이 등장함에 따라 국가들이 실제로 공유할 수 있는 새로운 국제 화폐에 대한 요구가 늘고 있다.

세계 단일 화폐를 현실화하기 위해서는 세계 단일 정부가 반드시 필요하다. 하지만 방코르 같은 국제 화폐는 지역 화폐를 폐지하지 않아도 사용할 수 있다. 국제 화폐를 도입하면 수입량이 수출량보다 월등히 많은 국가들은 소비를 급격히 줄이거나, 국제시장에서 더 많이 노력해야 할 것이다. 수출 강국들은 다른 나라의 상품과 서비스를 더 많이 수입할 것이다.

놀라운 사실

현재 세계에는 유로를 포함해 **182**종의 화폐가 존재한다.

전 세계 중앙은행의 외환 보유액 중 미화가 차지하는 비율은 **62**퍼센트다.

현재 유통되는 가장 오래된 화폐는 영국의 **파운드**다.

함께 생각하기

◆ 지폐를 계속 찍어낸다면 | 38쪽

◆ 우리가 생산할 수 없는 것들만 수입한다면 | 142쪽

1932년 영국 경제학자 존 케인스는 다음과 같이 썼다. "세계가 이틀 동안 모든 사람에게 필요한 상품을 만들어낼 수 있는 지점에 도달한다면, 우리는 여가에 무엇을 해야 할지 큰 고민에 빠질 것이다." 이렇게 생각한 사람은 케인스뿐만 아니다. 영국의 공상과학소설가 아서 클라크Author Charles Clarke도 가까운 미래에 대한 글을 썼다. "우리 후손들은 극도로 지루한 미래를 만날 것이다. 이때 인생에서 가장 중요한 문제는 수백 개 TV 채널 중 어느 채널을 시청할지 결정하는 문제가 될 것이다."

경제학자들은 20세기 중반에 이런 예상을 내놓았지만 그 예상이 들어맞지 않았다. 최근에는 경제학자들의 예상이 맞지 않은 까닭에 대한 논의가 활발히 진행되고 있다.

왜 모든 이들에게 위한 무한한 여가가 생기지 않을까? 현실적으로 말하면 케인스와 클라크를 비롯한 학자들의 예상이 정확하지 않았을 뿐, 틀린 것은 아니다. 모든 이들에게 동일한 노동이 주어진 적 없고 그에 따른 분배도 균등하지 않았기 때문에, 이 문제의 해답은 매우 복잡하다.

일할 필요가 없는 부유층과 일자리가 없는 수많은 극빈층, 그 중간에 있는 사람들은 정신없이 일만 하고 산다. 게다가 일이 줄거나 자동화되었다고 보기도 힘들다. 실제로는 적정한 수입을 받지 못하는 일—노인 간병은 반드시 필요한 일이지만, 간병인은 많은 급여를 받지 못한다—이 증가했다. 또 일부 경제학자들은 일에 지나치게 단순한 방식으로 접근한다. 그들은 일하는 목적이 단지 돈을 벌기 위한 것이라고 생각하며, 즐겁고 윤리적인 삶을 위해 일을 줄이는 사람들의 생각을 이해하지 못한다.

인간의 다양성을 고려할 때 일은 여전히 이해하기 어려운 문제다. 그렇기 때문에 이번 장에서 우리가 다루는 문제들도 어렵고 다양하다. 그리고 이 질문들은 매우 중요하다. 아무도 일하는 것을 원치 않는다면 어떻게 될까? 사람들이 주말에 일하고 주중에 쉰다면? 교사가 어마어마한 월급을 받고, 은행 직원은 월세를 내기도 힘들 만큼 적은 월급을 받으면 어떻게 될까? 우리의 미래를 생각할 때 이 질문들은 매우 중요하다. 해답이 여기에 있다. 책장을 넘기면서 생각을 정리해보자.

일이
재미있다면

루스 포츠 Ruth Potts

일반적으로 경제학자들은 인간이 여가를
즐기기 위해서 일이 필요하다는 의견에 동의한다. 하지만
일 자체가 인간을 만족시킨다면 어떨까? 독일 출신 경제
학자 에른스트 슈마허는 '몰상식한 노동'의 문제에 대해
이렇게 썼다. "단테Alighieri Dante가 지옥을 설명할 때, 공장
생산 라인에서 아무 생각 없이 반복적인 일을 하는 지루함
을 포함했다고 해도 무리가 아니다. 이 지루함은 독창성을
파괴하고 뇌를 갉아먹는다."

지난 40년 동안 많은 사람들이 공장 노동에서 벗어났지
만, 생산 라인의 논리는 우리가 일하는 현장 곳곳에 스며
들었다. 그 결과 우리는 더 많은 일을 하면서 무엇을 할지
결정하는 권리를 계속 상실하고 있다(1981년과 비교할 때
현재 영국 맞벌이 가정의 주당 근로시간은 여섯 시간 늘었다). 여

러 연구에 따르면 일하는 시간을 스스로 통제할 수 있다고 말하는 사람의 수는 급격히 줄고 있다. 포드자동차 직원들도 행복하게 출근하지 않는다.

연구직을 그만두고 오토바이 정비사가 된 매튜 크로포드Matthew Crawford는 사람은 생산 라인의 노동에 따른 지루함에 익숙해지기 전에, 높은 월급보다 자신이 원하는 일을 선택하는 경향이 있다고 말했다. 그렇다면 다른 가능성도 있을까? 슈마허는 좋은 일이 행복한 삶에 필수적인 요소라고 믿었다. 그는 불교적 관점에서 일은 세 가지 기능을 갖춰야 한다고 주장했다. 사람들에게 자신의 능력을 사용하고 개발할 기회를 부여할 것, 다른 사람들과 공동 임무를 수행함으로써 자기중심적 사고를 극복하게 도와줄 것, 살아가는 데 필요한 상품과 서비스를 제공할 것.

일이 재미있다면 하루하루가 즐겁기 때문에 주말을 위해 살 필요가 없을 것이다. 일 자체가 보상으로 여겨진다면 엄청난 보너스는 없어질 것이다. 이상하게 들리겠지만, 우리가 일을 즐긴다면 근무시간이 줄어들 것이다. 그리고 약을 먹든, 의사에게 치료를 받든 치료에 쓰는 돈도 많이 줄어들 것이다.

보육, 자기 개발, 악기 연주 등은 회계사의 관점에서 보면 근본적으로 수지 타산이 맞지 않는 일이다. 교향곡을 너무 빨리 연주하면 불협화음이 생기듯이, 이런 일은 빨리 한다고 좋은 일이 아니기 때문이다. 일이 재미있다면 우리는 자신이 하는 일을 가치 있게 여길 것이다. 양보다 질에 집중해 인적 요소를 개발하면 일자리를 더 효율적으로 나눌 수 있다. 일을 통해 만족감을 얻으면 현재 우리가 행복해지려고 쓰는 돈은 줄어들 것이다.

놀라운 사실

미국의 기업가 헨리 포드Henry Ford는 **1913**년 세계 최초로 완성 차 생산 라인을 만들었다.

자기 일에 만족하는 미국인은 1997년 60퍼센트에서 2012년 47.2퍼센트로 **12.8**퍼센트 감소했다.

시카고대학교University of Chicago가 연구한 바에 따르면 미국에서 **가장 행복한 직업**은 성직자, 소방관, 물리치료사, 작가, 특수교육 교사로 조사되었다.

함께 생각하기

◆ 모두 월급이 똑같다면 | 74쪽

◆ 우리가 물건을 사지 않는다면 | 158쪽

일주일에
사흘만 일한다면

앤드루 심스 Andrew Simms

왜 대다수 사람들은 주 5일 근무를 할까? 네덜란드에서는 주 4일 근무제가 표준이 되었고, 많은 사람들이 직장에 상관없이 주 4일 근무를 선택한다. 미국 유타Utah주와 감비아의 관공서에서도 노동시간 단축을 실험하고 있다. 이 문제는 보육이나 노동시간 단축 가능성과 관계가 있기 때문에 사회적으로 많이 논의되었다.

노동시간 단축에 대한 실험은 네덜란드에서는 1990년대 초부터, 유타에서는 2008년 재정 위기 이후 각각 공공 부문에서 시작되었다. 해답으로 '탄력 근무제'가 지목되었다. 유타 정부는 주 4일로 근무 일수를 줄였지만, 사람들은 출근하는 날 더 오래 일해야 했다. 공공 부문 근로자 가운데 80퍼센트 이상은 자신의 일과 삶이 개선되었다고 생각했지만, 3퍼센트는 아이를 돌보는 일이 더 어려워졌

다고 응답했다. 그리고 33퍼센트 대중만이 공공서비스의
질이 개선되었다고 답했다.

근무 일수 단축을 통해서 이산화탄소 배출도 줄일 수 있
었다. 네덜란드에서 노동 시간 단축은 정부의 보육 지원으
로 한결 수월했다. 여성들은 일하는 데 큰 어려움을 겪지
않았고, 남성들도 세 명 중 한 명은 일하는 시간이 줄었다.
앞으로는 경제적 문제 때문에 더 오래 일하는 대신 더 많
은 사람들이 더 적게, 다른 방식으로 일할 수 있다.

중세 사람들은 주당 노동시간이 우리보다 적었다. 하지
만 산업혁명이 일어났을 때 상황은 급변했다. 1825년에야
어린이 노동시간을 하루 12시간, 토요일은 9시간으로 제
한했는데, 아이들이 주말에 반나절 쉬어봐야 나쁜 짓만 하
고 돌아다닐 거라고 생각하는 사람들도 있었다. 노동시간
단축은 구조적 실업과 과로 문제를 해결하는 데 도움이 될
것이다. 가정에서 더 많은 시간을 보내면 우리의 이웃과
환경, 개개인의 건강과 행복에도 큰 도움이 될 것이다.

탄력 근무제를 사용하면 주당 근무 일수를 당장 광범위하게 단축할 수 있다. 회사는 직원들에게 압축 근무제의 선택권을 줄 수 있다. 직원들은 출근 일수를 줄이고 더 오래 일하거나, 단순히 출근 일수를 줄이거나 선택하면 된다. 이런 접근 방식은 고용인과 피고용인에게 더 나은 근무 환경을 제공할 것이다. 이 일은 국가적으로 시행할 수 있고, 원하는 기업은 간단한 신고 절차를 통해서 참여할 수 있을 것이다.

놀라운
사실

유타 정부가 주 4일 근무제를 시행한 뒤 탄소 배출량은 **14**퍼센트 감소했다.

영국 경제학자 존 케인스는 2000년에 사람들이 주당 평균 **15**시간 일할 거라고 예상했다.

함께
생각하기

◆ 서른 살에 은퇴한다면 | 78쪽

◆ 경제의 목적이 행복이라면 | 194쪽

일자리가
최우선순위가 된다면

헬렌 커슬리 Helen Kersley

직업은 만족스러운 인간관계, 건강과 함께 사람들이 소중히 여기는 것 중 하나다. 직업은 정치인에게도 중요한 문제다. 그런데 일자리는 경제 성공을 판단하는 척도가 아니다. 우리는 경제의 총 생산과 소비를 보여주는 국내총생산GDP을 경제 성공을 판단하는 척도로 사용한다. 현재 우리의 경제 모델에 따르면 GDP가 증가하면 일자리가 창출되고 취업률도 증가한다. 하지만 2007년 경기 침체 이후 세계 경제는 경기가 활기를 띨 때도 충분한 일자리를 제공하지 못했다. 적절한 수입과 좋은 근무 환경을 제공하는 일자리는 찾아보기 힘들다.

연구에 따르면 좋은 직업은 개인의 물질적인 필요뿐만 아니라 건강과 성취감, 행복에 중요한 역할을 하는 것으로 드러났다. 반면에 장기적인 실업은 건강을 악화하고, 개

인과 사회가 함께 감당해야 할 사회문제를 일으켰다. 사람들은 직업을 중요하게 여기지만, 우리 경제 시스템의 작동 원리는 그 중요성을 인정하지 않는다. 경제 시스템은 생산량을 끝없이 늘리고 비용을 줄여서 효율성과 이익을 증대하는 것을 목표로 한다. 그 과정에서 월급과 직원을 줄이는 것은 필수다. 그 결과 실업률은 증가하고 임금은 감소하는 경향을 보이며, 이는 개인과 사회, 국가가 함께 분담해야 할 짐이 된다.

우리의 경제 모델을 직업의 양과 질을 기준으로 경제 성공 여부를 판단하는 모델로 교체하면 어떻게 될까? 이 모델은 직업을 비용이 아니라 공적인 이익으로 여길 것이다. 또 취업 지원을 위한 활동과 정책, 재원 사용에 변화가 나타날 것이다. 경제성장이 직업에 따라 정의된다면, 충분히 좋고 가치 있는 일자리를 만들기 위해서 일자리의 질에 대해 진지하게 고민해야 할 것이다.

경제는 인간이 꾸준한 노력을 하도록 원동력을 제공한다. 그러므로 경제 성공을 성장 대신 일자리로 측정한다면, 경제적 유인 구조는 상당한 변화를 경험할 것이다. 그 결과 단기적인 이익과 재정적 보상보다 일자리 문제에 많은 재원이 사용되고, 경제와 사회에 의해 창출된 부가 좀더 균등하게 분배될 것이다. 우리는 모든 사람들이 더 공평하게 재정적인 보상을 받도록 부를 새롭게 정의할 것이다. 하지만 조심하지 않으면 이를 통해 경제 효율성이 매우 떨어질 수도 있다.

놀라운 사실

2013년부터 앞으로 15년 동안 세계적으로 일자리 **6**억 개가 더 생겨야 한다.

유럽연합EU 27개 회원국의 평균 실업률은 **11**퍼센트다.

EU 27개 회원국의 평균 청년 실업률은 **24**퍼센트다.

함께 생각하기

◆ 나무에 돈이 열린다면 | 22쪽

◆ 개인의 능력에 따라 보수를 받는다면 | 70쪽

교사가
투자은행 경영진보다
월급을 많이 받는다면

헬렌 커슬리 Helen Kersley

경제 예측 전문가들은 전문직 노동자 증
가와 비전문직 노동자 감소를 미래의 직업 세계를 결정할
핵심 트렌드 중 하나로 분석했다. 이들은 국가와 개인이
지적·기술적인 능력을 배양하는 교육과 훈련을 통해 '인
적 자본'에 집중적으로 투자해야 한다고 조언했다. 지식
기반 능력에서 높은 학업 성취도가 미래의 성공을 보장하
는 가장 중요한 요인이 된다면, 좋은 교사들의 몸값은 치
솟을 것이다.

어떤 사람에게 10억대 연봉을 줄 수 있다면, 투자은행
경영진보다 교사에게 주는 편이 낫다. 하지만 중요한 문제
가 있다. 누구에게든 억대 혹은 10억대 연봉을 주는 것이
옳을까? 우리 사회는 이를 감당할 수 있을까?

공공 재정을 예로 들어보자. 세계적으로 교육 시장에서

공교육이 차지하는 비율이 높기 때문에, 교사들에게 은행 경영진보다 많은 월급을 제공하는 것은 국가재정에 큰 부담이 될 것이다. 예를 들면 영국에서 약 43만 명이 국립학교 교사로 근무한다. 상위 10퍼센트가 연봉 100만 파운드(약 17억 5000만 원)를 받는다면, 그 비용은 2011~2012년 전체 교육예산의 75퍼센트를 차지할 것이다. 공공 재정을 예로 들지 않더라도 사회가 그런 천문학적인 금액을 감당할 수 있는가 하는 문제가 남는다.

최고 은행가의 연봉은 그 사람이 회사에 엄청난 이윤을 남기는 공을 세웠고, 차후 임금 삭감에 동의한다는 근거로 정당화된다. 하지만 이런 이윤은 경제에서 막강한 영향력을 행사하는 금융 산업이기에 가능하다. 금융 산업은 매우 비생산적이고 도박적인 방법으로 전체 경제의 가치에서 파격적인 지분을 가져가는 능력이 있기 때문이다. 금융 산업은 기업에게 돈을 빌려주는 것을 비롯해 경제에서 중요한 역할을 한다. 하지만 그들의 천문학적인 연봉은 정상적인 활동을 통해서 만들어진 것이 아니다.

교사가 은행 경영진보다 월급을 많이 받는다면, 더 많은 사람들이 교사가 되기 위해서 노력할 것이다. 그 결과 재능 있는 인재가 몰리고, 그들 가운데 최고의 교사를 선택할 수 있다. 하지만 재정적 인센티브가 단순하게 최고의 결과를 초래하지는 않을 것이다. 어렵고 힘든 일을 하는 교사들에게 좋은 보상을 주는 것은 당연하다. 하지만 지원과 협력, 사회적 평판 등 다른 요인도 수업의 질에 상당한 영향을 미친다는 것을 잊어서는 안 된다.

놀라운 사실

경제협력개발기구 OECD 회원국에서 15년 차 교사의 평균 연봉은 약 **3만 9000**달러다.

전 세계 투자은행 직원들의 평균 연봉은 **32만**달러지만, 최고 경영진은 수백만 달러를 받는다.

함께 생각하기

◆ 일이 재미있다면 | 54쪽

◆ 개인의 능력에 따라 보수를 받는다면 | 70쪽

개인의 능력에 따라
보수를 받는다면

헬렌 커슬리 Helen Kersley

우리는 직업에 따라 차등적인 급여를 받는 것을 당연하게 생각한다. 예를 들어 기업의 최고 경영진은 연봉과 성과급을 합쳐 수억 원을 받지만, 학교의 보조 교사는 1만 5000파운드(약 2600만 원) 정도 받는다. 그런데 현재 급여가 다양한 직업의 가치를 제대로 반영한다고 확신하는가? 우리는 특정 직업에 종사하는 사람들에게 얼마나 의존하는가? 그들은 우리 삶을 얼마나 윤택하게 하는가?

당신은 간호사나 배관공의 가치를 직접 경험해본 적이 있을 것이다. 하지만 고위 공무원이나 광고 전문가처럼 직접 만날 수 없는 사람들의 가치를 경험해본 적이 있는가? 이 문제는 아주 복잡하지만 생각해볼 가치가 있다. 역사상 최악의 경제 위기에 단초를 제공한 금융권은 1930년대 대

공황 이후에도 일반인은 상상조차 할 수 없는 연봉을 챙겼다. 우리가 회사에 남긴 이윤에 따라 급여를 받는 것은 당연한 이치다. 하지만 그 액수에 근거해서 개인이나 기업이 사회에 얼마나 기여했는지 판단할 수는 없다.

개인과 기업의 활동이 일자리를 만들고 삶의 질을 개선하는 데 도움이 될 수 있지만, 그 활동으로 인해 환경문제와 지역 기업들이 문을 닫는 일이 발생하기도 한다. 급여와 생산성은 비례하지 않으며, 협상 능력은 급여를 결정하는 중요한 요소다. 기업의 고위 간부들이 저조한 실적에도 엄청난 연봉 인상에 성공하는 것을 보면 알 수 있다.

능력(유용성)에 근거해 급여를 결정한다면 우리는 여러 직업이 초래하는 긍정적·부정적 결과에 대해 질문할 것이다. 단체들은 자신들이 유발하는 '외부 효과'를 확인해야 할 것이다. 예를 들면 환경오염이나 일자리 감소처럼 단체들이 책임지지 않는 사회적 손해와, 반대로 토지 보호나 공동체 개선처럼 단체들이 보상받지 않는 사회적 이익을 재확인해야 할 것이다. 개인의 실력과 기업의 유용성에 기초한 보상 체계는 사회에 이익이 되는 결과를 더 많이 유발하고, 해가 되는 결과를 줄이는 구실을 할 것이다.

기업과 단체, 개인의 활동을 그 능력(유용성)에 따라 보상한다면 사회적 · 경제적 활동은 근본적인 변화를 겪을 것이다. 경제 이론의 측면에서 보면 더 많은 정보를 통해 시장 실패를 예방할 수 있기 때문에, 이런 변화는 시장에 활기를 불어넣을 것이다. 이런 변화를 제대로 실행하기는 어렵다. 하지만 돈을 비롯하여 시장에서 발생하는 모든 결과를 새롭게 측정하는 일은 좋은 시작이 될 것이다.

놀라운 사실

1970년 미국 500대 기업에서 경영진과 일반 직원의 급여는 **31**배 차이가 났다.

2008년 미국 500대 기업에서 경영진과 일반 직원의 급여는 **325**배 차이가 났다.

함께 생각하기

◆ 우리 모두 부자라면 | 18쪽

◆ 교사가 투자은행 경영진보다 월급을 많이 받는다면 | 66쪽

모두 월급이
똑같다면

팀 루닉 Tim Leunig

경제학을 전공하는 학생이면 다 아는 유명한 이야기가 있다. 그 이야기는 모든 이들이 똑같은 월급을 받는다면 세상이 얼마나 끔찍해질지 설명해준다. 실제로 우리가 모두 똑같은 월급을 받는다고 가정해보자. 나는 책을 써서 돈을 벌고, 테니스 선수는 공을 쳐서 돈을 벌고, 가수는 노래를 불러서 돈을 번다. 우리는 모두 같은 돈을 벌고, 법에 따라 아무도 더 많이 벌 수 없다.

테니스 선수 노박 조코비치Novak Djokovic와 로저 페더러 Roger Federer, 영국 가수 아델Adele Laurie Blue Adkins이 모두 이번 주말에 시간이 있다고 가정하자. 나는 조코비치와 페더러의 테니스 경기를 보고, 저녁 시간에 아델의 콘서트에 가고 싶다. 하지만 이들 모두 같은 돈을 벌었기 때문에, 내가 원하는 스케줄은 세 사람이 돈을 받지 않고 경기와 콘서트를

열어주어야 가능하다. 내가 이들에게 돈을 주고 부탁한다면 이들은 나보다 많은 돈을 벌기 때문에 법적으로 불가능하다.

좀더 심각하게 생각해보자. 우리가 모두 똑같은 월급을 받는다면 학생들은 열심히 공부할 이유가 없을 것이다. 사람들은 아무리 많은 자격증을 따도 동일한 급여를 받는다. 대학 진학은 좋은 선택이 되지 못할 것이다. 대학에 다니는 동안 돈을 벌 수 없고, 졸업한다고 해도 어차피 월급이 정해졌기 때문이다. 사람들은 직장에서 더 열심히 일하지 않을 것이다. 승진해도 재정적인 보상이 주어지지 않기 때문이다. 식당에서 팁을 주는 것도 불법이기 때문에, 웨이터들은 손님을 무례하게 대할지 모른다.

현실적으로 생각해보면 아침 일찍 일어나 제 시간에 출근할 필요도 없다. 지각을 해도 모든 사람이 받는 동일한 월급이 보장되기 때문이다. 발명한다고 해도 그것으로 돈을 벌 수 없기 때문에 발명할 이유가 없다. 어느 정도의 불평등은 사람들에게 동기를 부여한다는 점에서 그 가치가 충분하다.

벤앤드제리스아이스크림은 그 회사의 가장 높은 연봉이 가장 낮은 연봉의 7배가 넘을 수 없도록 정한 적이 있다. 결국 회사의 주인 벤은 신입 사원이 받는 시간당 8달러의 7배 이상은 받을 수 없었다. 물론 그 거대한 기업은 벤의 것이고, 벤이 자신에게 지불하지 못한 급여는 회사의 잔고에 남았으며, 그 돈도 벤의 것이다.

놀라운 사실

2012년 미국에서 정규직 직원이 받는 최저 연봉은 **1만 5000**달러다.

2012년 알제리에서 정규직 직원이 받는 최저 연봉은 **4200**달러다.

2012년 가수 아델의 연간 수입은 **3500**만 달러다.

함께 생각하기

◆ 우리 모두 부자라면 | 18쪽

◆ 개인의 능력에 따라 보수를 받는다면 | 70쪽

서른 살에
은퇴한다면

팀 루닉 Tim Leunig

사람들은 대체로 20세에 일을 시작해서 65세에 은퇴하고, 90세가 되면 죽는다. 인생의 절반을 일하는 데 사용하는 꼴이다. 처음 20년은 부모의 지원을 받아 살고, 나중에 자식을 키우면서 그 비용을 갚는다. 어른이 되면 노동으로 생계를 유지하고, 은퇴한 뒤에는 그동안 모아둔 예금으로 살아간다.

인생의 절반을 일하며 살아야 한다는 것은 일하는 동안 자녀 양육과 노후 준비를 위해 수입의 절반을 저축해야 한다는 말이다. 그렇게 하지 못하면 45년은 풍요롭게 살겠지만, 은퇴한 뒤에는 거리에서 구걸하며 살아야 한다. 그런 노후를 바라는 사람은 아무도 없다. 그래서 사람들은 일하는 동안 저축을 한다.

사람들의 저축 방식은 매우 다양하다. 예금을 하거나

개인연금에 가입하기도 하고, 은퇴한 뒤 월세 걱정 없이 살기 위해 집을 사는 경우도 있다. 정부가 시행하는 국민 연금도 일종의 저축이다. 정부는 우리가 일하는 동안 세금 형태로 돈을 받고, 은퇴하면 우리에게 그 돈을 돌려준다. 30세에 은퇴한다면 일하는 시간과 일하지 않는 시간의 균형이 깨질 것이다. 일하는 시간과 일하지 않는 시간이 각각 45년이던 것이 10년 일하고 80년 쉬는 패턴으로 바뀔 것이다. 그러므로 우리는 일하는 10년 동안 일하지 않는 80년에 대비해 소득을 9분의 8 이상 저축해야 한다.

선진국에 사는 사람들의 평균 연봉은 4만 달러인데, 이 사람들은 해마다 5000달러를 쓰고, 3만 5000달러를 저축해야 한다. 1년 동안 5000달러로 사는 것은 가능하다. 필리핀과 인도의 일반 가정은 보통 1년간 5000달러를 소비한다. 그리고 이것은 선택의 문제다. 당신은 45년 동안 일하고 부유하게 살 수도 있고, 10년 동안 일하고 이 책을 읽는 대다수 독자들이 가난하다고 생각하는 삶을 영위할 수도 있다. 사람들은 가난보다 일을 선택할 것이다. 결국 세상에서 극소수 부유층만이 30세에 은퇴할 수 있다.

진짜? 그렇다면

대다수 사람들이 30세에 은퇴한다면 경제에 큰 문제가 생길 것이다. 소비가 위축되어 많은 회사들이 문 닫을 것이다. 소득세, 취득세, 법인세가 감소하니 정부는 좋은 도로와 경찰, 교육을 제공하는 데 필요한 재원을 마련할 수 없다. 정부는 국채를 상환해야 하는 상황을 감당할 수 없을 것이다. 사람들이 휴가에 쓸 돈이 부족하니 레저산업도 큰 어려움에 봉착할 것이다.

놀라운 사실

2013년 세계 총인구는 **68**억 명이다.

2013년 세계 20대 인구는 **11**억 명이다.

2013년 세계 30대 미만 인구 비율은 **52**퍼센트다.

 함께 생각하기

◆ 일주일에 사흘만 일한다면
| 58쪽

◆ 모두 일하지 않겠다고 한다면 | 86쪽

정부가 모든 사람에게
충분한 생활비를 지급한다면

1930년대 대공황 이후 사람들은 정부가 모든 이에게 충분한 생활비를 지급하는 급진적인 꿈을 꾸었다. 이는 사회주의, 금융권에 대한 증오, 중세 조합 체계에 대한 선망이 뒤섞여 만들어진 이상한 꿈이다. '사회 신용설Social Credit'과 발명가로 유명한 클리퍼드 더글러스Clifford Hugh Douglas는 당시 막대한 채무금을 갚을 돈이 세상에 존재하지 않는다고 경고했다.

더글러스는 은행이 돈을 발행하는 것을 막고, 모든 시민의 계좌에 매달 기본적 수입을 입금해줄 것을 정부에 요구했다. 그는 이런 방법을 통해 경기가 나빠지지 않고, 오히려 살아날 수 있을 거라고 믿었다.

1930년대 수많은 사람들이 더글러스의 강연을 듣기 위해 모여들었다. 특히 호주와 캐나다에서는 엄청난 인파가 몰렸다. 미국에서는 9000만 명이 라디오 방송으로 그의 연설을 들었고, 캐나다에서는 두 개 주에서 사회 신용설을 지지하는 행정부가 선출되었다. 캐나다 앨버타Alberta주에서는 1971년까지 사회 신용설에 우호적인 정부가 정권을 유지했는데, 1인당 매달 25 캐나다 달러를 지급하는 법안을 강행 통과시키려다 법원에 저지당했다. 영국에서는 보이스카우트에서 분리된 키보 키프트Kibbo Kift가 사회신용당을 만들어 녹색 유니폼을 입고 거리 행진 운동을 전개했다. 사회신용당은 사회 신용 운동이 괴팍하고 극단적으로 변질됨에 따라 1950년 자진 해산했다. 다른 급진적인 운동과 별다를 바 없었던 것이다.

사회 신용 제도는 현실화되지 못했고, 클리퍼드 더글러스는 1952년 세상을 떠났다. 그 후에도 세금을 활용해서 시민에게 기본적 소득을 제공하려는 시도가 여러 차례 있었고, 그런 제도를 도입할 경우 발생할 일에 대한 토론도 활발히 이어졌다. 첫째, 많은 세금을 거둬야 한다. 둘째, 돈을 받는 시민과 돈을 받지 않는 불법체류자나 외국인 사이에 큰 격차가 생길 것이 분명하다. 셋째, 복지와 조세제도에 엄청난 자금이 필요하다. 넷째, 급여체계를 송두리째 바꿔야 한다. 우리가 사람들에게 제발 청소를 해달라고, 생활하기 충분한 돈이 있다면 급여를 받지 말아달라고 설득해야 한다면 지불해야 할 급여는 엄청나게 늘어날 것이다.

최근에 많은 나라들은 복지 제도를 통해서 모든 사람에게 기본 소득을 보장하는 급여체계를 만들기 위해 노력해왔다. '스핀햄랜드 제도Speenhamland system'가 그 역사적 전례다. 이는 1975년 잉글랜드England 남부 버크셔Berkshire주 스핀햄랜드의 치안판사들이 빵값이 엄청나게 상승하자 가난한 사람들을 보호하기 위해 만든 복지 제도다. 이 제도는 가난한 사람들이 먹거리를 살 수 있도록 보조금을 지급했고, 그로 인해 영양실조 발생률을 줄이는 데 기여했다. 불행히도 이를 악용한 농장주들이 일꾼들에게 계속 낮은 급여를 지불했고, 이 제도를 계속하는 데 필요한 재원이 기하급수적으로 늘어나고 말았다.

몇 년 뒤 스핀햄랜드 제도는 비효율적 경제의 대명사가 되었고, 정치가들은 복지 제도의 대안을 제시하면서 스핀햄랜드 제도를 '보편적 빈곤 시스템'이라고 비아냥거렸다. 1830년대 이후 스핀햄랜드 제도는 스스로 생계를 유지할 수 없는 사람들을 위해서 각 지역에 설치한 구빈원(20세기 이전 널리 유행한 원내 구호 형태의 빈민 시설—옮긴이)으로 대체되었다.

이 질문에 대한 답은 다음과 같다. 정부가 모든 사람의 기본 소득을 보장하기 위해 보조금을 지급한다면, 고용주

는 인위적으로 낮은 급여를 유지할 것이다. 실제로 이런 일이 세계 각지에서 일어나고 있다. 정부가 모든 사람에게 기본 소득 금액을 지불한다면, 사람들은 자유롭게 자신이 가장 원하는 일을 할 것이다. 하지만 이런 일은 재원이 충분하고 경제에서 자금의 흐름이 원활하며, 모든 사람이 아무도 원하지 않는 더러운 일을 서슴없이 할 수 있을 때 가능하다.

모두 일하지
않겠다고 한다면

팀 루닉 Tim Leunig

세상에 일하고 싶은 사람은 없다. 그렇기 때문에 고용주는 직원들이 출근하는 대가로 월급을 지불하는 것이다. 즉 월급은 당신의 시간을 포기한 것에 대한 보상이다. 사람들이 싫어하는 일일수록 더 많은 월급을 지불해야 한다. 밤에 일하고 싶어 하는 사람이 적기 때문에, 고용주는 야간 근무를 하는 사람들에게 더 많은 수당을 지급해야 한다. 하수도를 청소하고 싶어 하는 사람도 별로 없기 때문에, 하수도 청소를 하는 사람들은 비슷한 기술이 있는 사람들보다 급여를 많이 받는다.

공장 노동자들은 자율성이 없는 일을 매우 싫어한다. 헨리 포드는 자동차 생산 라인을 만들 때 이 사실을 잘 알았다. 자동차 공장 일은 힘들었지만 당시에 쉬운 일은 하나도 없었다. 포드가 선택한 차별화 전략은 공장에서 직원

들이 쉴 새 없이 일하도록 만드는 것이었다. 직원들은 이런 노동 방식을 매우 싫어했고, 거의 모든 직원들이 사표를 제출하고 떠났다. 포드는 사람들을 모으고, 계속 일을 시키기 위해 일반 급여의 두 배를 지불해야 했다.

오늘날 많은 회사들은 즐거운 근무 환경을 조성하려고 최선을 다한다. 회사는 직원들이 출근하고 싶은 직장을 만들어야 한다. 그렇게 하지 못하면 결근율은 단시간에 증가할 것이고, 장기적인 관점에서 보면 근무 환경에 만족하지 못한 직원들에게 보상해주기 위해 급여를 올려야 할 것이다. 국가가 발전하고, 더 좋은 직장이 계속 생기는 상황에서 이와 같은 일은 현실이 된다.

경영진에게는 조금 다른 상황이 발생한다. 경영진은 반사회집단으로 낙인찍힌 회사에서 일하길 원치 않는다. 사람들은 다른 이들에게 강한 인상을 심어주는 회사에서 일하고 싶어 한다. 오늘날 이런 사람들의 성향은 실제로 애플사를 도와주고 있다. 반면 담배 회사는 실력 있는 경영진을 스카우트하기 위해 엄청난 돈을 지불해야 한다.

사람들이 일하고 싶어 하지 않는다면 급여는 상승할 것이고, 인력을 대체할 기계를 개발하는 편이 더 나을 것이다. 컴퓨터가 기차와 비행기를 조종하고, 동영상이 대학교수를 대체할 것이며, 당신은 식당에서 문자메시지로 주문할 것이다. '1번 테이블에 스테이크 두 개 주세요. 하나는 살짝 구워주시고, 하나는 미디엄으로 해주세요.' 물론 요리할 사람이 필요한데, 높은 월급을 받을 때 가능할 것이다.

놀라운 사실

미국에서 65세 이상의 취업률은 **20**퍼센트다.

앞으로 18년 동안 미국의 베이비 부머(1946~1964년 출생)는 하루에 **1**만 명씩 은퇴할 것이다.

은퇴 이후를 위해 아무것도 저축하지 않는 미국인은 **36**퍼센트다.

함께 생각하기

◆ 서른 살에 은퇴한다면 | 78쪽

◆ 우리가 물건을 사지 않는다면 | 158쪽

마트에 취직하는 데 박사 학위가 필요하다면

헬렌 커슬리 Helen Kersley

1980년 이후 대다수 직업에 종사하기 위해 필요한 자격 요건은 더 높아졌고, 취업의 문도 매우 좁아졌다. 학벌이 좋은 사람들은 많은 직업을 선택할 수 있었지만, 대학에 진학하지 않거나 학력이 그 이하인 사람들에게 주어지는 기회는 더욱 감소했다. 예를 들어 수십 년 전만 해도 좋은 성적으로 고등학교를 졸업하면 기자로 취직할 수 있었지만, 지금은 기자가 되기 위해서 학사 학위(때에 따라 석사 학위)가 필요하다.

취업 시장이 좁아짐에 따라 취업을 준비하는 사람들이 기하급수적으로 늘어났다. 그중에는 박사 학위나 업무 경력이 있는 사람들도 포함된다. 여기에 두 가지 문제점이 있다. 첫째, 모든 사람을 위한 일자리가 존재하지 않으며, 우리 경제 시스템은 충분한 일자리를 제공할 수 없는 만성적 무능 상

태에 빠졌다. 둘째, 직업이 요구하는 것은 직무 능력인데도 학벌은 지원자를 가려내는 수단이 되었다.

그렇다고 해서 매장 직원 한 명을 뽑는데 박사 학위 소지자가 무조건 뽑힌다는 말은 아니다. 하지만 신입 기자 채용 결과를 보면 학벌 위주로 뽑았다는 사실을 확인할 수 있다. 이런 경향이 언제까지 계속될까? 2030년이 되면 학벌이 좋거나 학위가 있는 사람들만 취직하는 세상이 될까? 마트에 취직하기 위해서 박사 학위를 따야 한다면 어떤 일들이 발생할까?

우선 노동시장의 벽이 높아져서 고등학교를 졸업하고 대학에 진학하지 않는 사람들은 일할 기회조차 얻을 수 없다. 그 결과 중요한 자리에 최고의 실력을 갖춘 사람을 뽑지 못할 가능성이 생긴다. 모든 사람들이 대학원에서 공부할 수 있는 것도 아닐뿐더러, 모든 사람들이 공부에 관심이 많은 것도 아니다. 그런데 좋은 학벌에 관심이 없는 사람들 중에 사람을 다루는 기술이 뛰어난 사람도 있고, 손재주가 뛰어난 사람도 있다. 우리가 이런 사람을 무시한다면 건강하고 안정된 사회가 요구하는 다양성과 창조성을 잃고, 안보와 시민의 행복도 보장할 수 없을 것이다.

교육받기 위해서는 많은 시간과 돈이 필요하다. 마트에 취직하기 위해서 박사 학위가 필요하다면 어느 누가 대학에 진학학고, 석·박사 학위를 받을 만한 돈을 벌 수 있을까? 원래 부자인 사람을 제외하면 아무도 그런 사치를 부릴 수 없을 것이다. 결국 세상은 더 불공평해진다. 박사 학위를 받고 졸업해도 단순 판매 직원으로 일하는 자괴감과 절대로 취직할 수 없는 사람들의 좌절감만 남는다. 한숨 조차 쉴 수 없는 세상이 될 것이다.

 놀라운
사실

2011년 미국의 청년 실업률은 **14.8**퍼센트다.

2013년 잉글랜드 노팅엄Nottingham의 한 카페에서 직원 8명을 채용하는데 지원자 **1700**명이 몰렸다.

 함께
생각하기

◆ 일이 재미있다면 | 54쪽

◆ 개인의 능력에 따라 보수를 받는다면 | 70쪽

사람

　　20세기 말 소르본대학 경제학과 학생들은 경제학과 교수들과 그들의 경제학 교수법에 저항하는 '탈자폐적 경제학 운동'을 계획했다. 2000년 9월 프랑스 신문 「르몽드Le Monde」는 이 운동에 대해서 다음과 같은 기사를 실었다. "그들은 은밀하고 신중하게 새로운 문제를 제기했다. 이 문제는 중요한 토론 주제가 되었고, 경제학자들을 흥분 상태로 몰아넣었다. 대학에서 경제학 교수법을 재검토해야 할 시점이 된 것일까?"

　탈자폐적 경제학 운동 지지자들은 수학이 그 자체로 중요하지만, 수학 때문에 경제학이 현실 세계와 현실 인간에 대해서 아무것도 말하지 못하는 비현실적인 관념에 빠져 자폐적 학문으로 전락했다고 주장했다. 경제학이 현실 세

계로 돌아올 것을 촉구하는 탄원서에 2주 만에 프랑스 최
상위 대학교 재학생 150명이 서명했다. 프랑스의 신문과
TV는 앞다투어 이 소식을 전했고, 심지어 석좌교수들도
유사한 요구를 하기 시작했다. 프랑스 교육부 장관 자크
랑Jack Lang은 이 문제에 대해 조사할 위원회를 구성하겠다
고 약속했다.

프랑스와 미국의 경제학자들은 논문을 게재하며 독설
을 주고받았다. 매사추세츠공과대학교Massachusetts Institute of
Technology는 탈자폐적 경제학 운동에 반대했고, 케임브리지
대학교University of Cambridge에서 박사 과정에 있는 학생들은 지
지하는 논문을 썼다. 흥미롭게도 이들은 모두 자신의 앞날
을 걱정했는지 논문에 실명을 밝히지는 않았다.

탈자폐적 경제학 운동은 경제학이 수학적 공식이 아니
라 인간의 현실에 대해 설명해야 하며, 경제학자들도 사람

들의 실제 행동 양식을 연구함으로써 현실 세계를 직시해야 한다고 주장했다. 이런 주장은 경제학이 정말 재미있다는 사실을 보여준다. 경제학은 인간에 대한 학문이지만, 동시에 인간이 돈을 비롯한 다른 가치와 어떻게 상호작용하는지 연구하는 학문이기 때문이다. 물가가 급등하거나 새로운 법안이 발의되는 상황에서 어떤 결과가 발생할지 경제학자들에게 예측을 요구하는 것도 같은 이유다.

비합리적 여성 경제인이
합리적 남성 경제인의
자리를 차지한다면

루스 포츠 Ruth Potts

영국의 철학자이자 경제학자 존 스튜어트 밀John Stuart Mill이 '합리적 경제인'이라는 말을 직접 사용한 적은 없지만, 사람들은 이 말을 그가 처음 한 것으로 알고 있다. 밀은 인간이 "부를 소유하고자 하는 욕망이 있고, 목적을 달성하기 위한 수단의 상대적 효과를 판단할 능력이 있는 존재"라고 했다. 밀은 이 정의가 추상적이라는 점과 그 사용에 제한이 있다는 점을 명확히 했지만, 이 정의가 선사하는 단순함은 매력적이다. 생산자뿐만 아니라 소비자와 이윤 같은 '합리적 행위자'가 '실리'를 최대화하기 위해 완벽한 정보에 반응한다는 개념은 경제학자들이 경제행위의 결과를 예측할 수 있는 모델을 만드는 토대가 되었다.

문제는 인간이 매우 비합리적이라는 사실이다. 우리는 필요한 양보다 많은 음식을 사서 3분의 1가량 버린다. 또

구매를 통해서 행복을 얻을 수 있다는 말도 안 되는 믿음에 사로잡혀 그 일을 반복한다. 인간은 그런 존재다.

비합리적 여성 경제인은 어떻게 행동할까? 헝가리의 경제인류학자 칼 폴라니Karl Polanyi는 상호 이익을 기반으로 선택한 과거 사회를 상세하게 기술했다. 뉴질랜드 출신 페미니스트 경제학자 매릴린 워링Marilyn Waring은 경제학이 사회에 순기능을 하는 모든 요소를 고려하지 않아 그 중요성을 인식하지 못한다고 주장했다. 행동경제학자들은 우리가 현재 발생하는 일에 지나치게 많은 관심을 기울이면서 미래의 위협은 간과하고 있다고 지적했다.

이런 문제점에 개선이 필요한 대상이 남성 경제인이다. 경제학에서 말하는 자유와 정의, 신중함은 인간 행동의 영역 밖에 존재하기 때문이다. 우리는 문화적으로 여성적인 특성을 적용해서 경제학을 좀더 인간답게 만들 것이다. 여성들은 재정적인 부 이상을 생각하기 때문이다. 미국의 경제학자 줄리아 넬슨Julia Nelson은 경제학을 "생존과 번창을 위해 사회가 스스로 정리하는 방법에 대한 연구"라고 정의하던 때로 돌아가자고 제안했다. 많은 것을 바꿀 순 없지만, 전반적으로 더 나은 삶을 영위할 수 있을 것이다.

'비합리적 여성 경제인'이라는 개념은 많이 다루지 않았을 뿐, 새로운 개념이 아니다. 캐나다의 경제학자 마거릿 레이드Margaret Reid가 말한 '가계 경제학'의 중심에는 통제와 배려, 효과의 핵심 가치가 있고, 매릴린 워링은 '여성이 인정받는 사회'를 가정해서 경제학을 설명했다. 미국의 정치경제학자 엘리너 오스트롬Elinor Ostrom은 공유재산에 대한 연구 업적으로 노벨 경제학상을 받았다. 어쩌면 중요한 것은 남성을 여성으로 대체하는 문제가 아니라, 인간을 흥미로운 존재로 만드는 복잡한 특성을 인정하는 문제인지 모른다. 이를 통해 더욱 인간적인 삶이 실현되고, 경제는 나아질 것이다.

놀라운 사실

"무보수 가사 노동이 세상의 모든 일을 가능하게 만든다."

—매릴린 워링

"상품은 사용을 목적으로 만들어진다. 그리고 수익은 교환가치가 아니라 사용가치다."

—마거릿 레이드

함께 생각하기

◆ 사회 같은 것이 있다면 | 102쪽

◆ 여성이 금융을 책임진다면 | 138쪽

사회 같은 것이 있다면

루스 포츠 Ruth Potts

전 영국 총리 마거릿 대처Margaret Thatcher는 "사회 같은 건 없다"는 유명한 말을 남겼다. 대처는 인간이 경제에서 홀로 행동하는 개인이라는 신념이 있었고, 그녀의 정책과 그에 따른 경제의 모습은 이 믿음에 기초해서 만들어졌다. 하지만 대처의 생각이 틀렸다면 어떻게 될까? 대처가 제안한 것과 달리 경제정책이 우리의 영혼을 바꾸기 위한 것이 아니라 사회를 지원하기 위한 것이라면?

그렇게 된다면 자원의 공유를 장려할 것이고, 자원의 공유와 공동체적 삶을 가로막는 모든 일을 제한할 것이다. 비공식 보호(제도적 보호에 포함되지 않는 다양한 보호—옮긴이)도 적극적으로 장려할 것이다. 이를 통해 경제는 개인의 리더십보다 팀워크를 강조하고, 집단들이 경쟁하지 않고 함께 일하는 방법을 모색할 것이다. 마침내 우리는 모든

개인이 자기 이익을 추구한다는 가정 아래 지난 40년 동안 만들어진 정책 결정을 청산하고, 새로운 협력의 시대를 열 것이다.

미국 작가 레베카 솔니트Rebecca Solnit는 위기의 시대에 사람들이 협력한 수많은 예를 추적했다. 사람들은 토머스 홉스Thomas Hobbes 사상 추종자들이 생각한 것처럼 끔찍한 존재가 아니라, 마틴 루서 킹Martin Luther King Jr. 목사가 꿈꾼 사랑의 공동체였다(영국의 철학자 홉스는 인간의 삶은 '추잡하고 잔인하며 어리석다'고 믿었다).

오늘날 자연과학은 협력이 자연의 본질일 뿐만 아니라 경쟁보다 우수한 결과를 이끌어내며, 협력과 경쟁은 긴밀한 관계가 있다는 점을 새롭게 제시한다. 사회의 존재를 부인하면 인간은 의심 많고 탐욕스럽고 이기적인 존재로 전락해, 불행하고 매우 불공평한 처지에 놓일 것이라는 주장이 제기되고 있다. 반면 우리는 자기 의지와 관계없이 공동체적으로 살게 만드는 일이 얼마나 파괴적인 결과를 가져올지 잘 이해한다. 어쩌면 우리는 더 넓은 사회에 각자 어떤 방식으로 헌신할 수 있을지 배워야 할 것이다.

사회 같은 것이 존재한다면 우리는 인간의 사회적 본성을 제대로 활용할 수 있는 정책 마련에 매진할 것이다. 기본적인 필요가 충족되었을 때 선물 경제를 장려한다면 인간에게 가장 큰 행복을 선사하는 인간관계에 도움이 될 것이다. 사회적 요소에 큰 가치를 부여한다면 우리는 사무실에 있는 시간을 줄이고, 지역공동체에 도움이 되는 일에 더 많은 시간을 쓸 것이다. 마을 행사를 위해 음식을 준비하고 지식을 공유하면 인생은 더 흥미로울 수도 있다.

놀라운 사실

2011년 미국에서 공식적인 자원봉사 활동에 참가한 미국인은 **6430**만 명이다.

미국에서 일주일에 한 번 이상 온 가족이 모여 식사하는 가정의 비율은 **89.5**퍼센트다.

영국에서 협동조합에 가입한 사람은 **6340**만 명이다. 이는 영국 인구와 거의 같은 수치다.

함께 생각하기

- 비합리적 여성 경제인이 합리적 남성 경제인의 자리를 차지한다면 | 98쪽

- 경제의 목적이 행복이라면 | 194쪽

암 치료제를
발견한다면

토니 그린햄 Tony Greenham

기대 수명이 증가한 것은 인간 진보에서 가장 큰 업적이다. 산업혁명 이전 영국 사람들의 평균수명은 40세를 넘지 못했고, 고대 로마 사람들의 평균수명은 30세도 넘지 못했다. 수명 연장에서 가장 중요한 변화는 유아 사망률이 급격히 감소했다는 점이다. 전 세계 빈곤국에서는 유아 100명 중 18명이 첫돌이 되기 전에 사망하는데, 유아 사망률은 이 국가들이 겪는 큰 문제 중 하나다. 중세 유럽의 상황은 심각해서, 어린이 중 절반이 다섯 살이 되기 전에 목숨을 잃고 말았다.

과거 인류는 암 치료제를 개발하지 못했지만, 현대 의학은 우리 조상들을 죽음으로 몰아넣던 수많은 질병을 치료할 능력이 있다. 하지만 아직 문제가 남았다. 우리는 질병을 이겨내고 얼마나 활동적으로 건강을 유지하며 살 수

있을까? 누가 우리를 보살펴줄까? 지리학자와 경제학자들은 '평균 건강 수명Health Life Years' 같은 지표를 만들어 우리가 얼마나 오래 건강한 삶을 누릴 수 있는지 평가하기 시작했다.

이는 우리 삶의 질과 은퇴 이후의 삶, 장애인 복지에서 중요한 문제다. 우리는 은퇴했거나 일하지 못하는 사람을 지원하기 위해 충분한 근로 연령 인구가 필요하다. 이것은 부양비dependency ratio로 나타내는데, 많은 선진국에서 부양비가 지속적으로 증가하는 추세다.

1880년 독일 총리 오토 폰 비스마르크Otto Eduard Leopold von Bismarck가 세계 최초로 국민연금을 도입했을 때, 연금을 받기 위해서는 70세까지 살아남아야 했다. 하지만 당시 평균수명은 40세밖에 되지 않았다. 오늘날 일본에서 태어나는 여자아이가 100세까지 살 확률은 50퍼센트지만, 공식적 은퇴 연령은 60세에 불과하다. 일본의 연금 수급자들은 은퇴 이후 삶이 지루해서 시간제 근무라도 계속 일하는 것을 선호한다. 미래 의학이 얼마나 발전할지 가늠할 수는 없지만, 우리는 분명 일하는 백발노인을 더 많이 목격할 것이다.

암 치료제를 발견하면 고통이 줄어들 뿐만 아니라 인간의 평균수명도 길어질 것이다. 우리는 더 오래 건강하고 활동적으로 살기를 바랄 수밖에 없다. 그렇지 않으면 의료비가 엄청나게 증가할 것이다. 평균수명이 길어지면 우리는 60대에 은퇴하지 않고 70대까지 일할 것이다.

놀라운 사실

세계에서 가장 오래 산 사람은 프랑스 여성 잔느 칼망Jeanne Calment으로, **122**세가 되던 1997년 사망했다.

세계에서 평균수명이 가장 긴 나라는 모로코로 **89**세다.

세계에서 평균수명이 가장 짧은 나라는 중앙아프리카의 차드로 **48**세다.

함께 생각하기

◆ 일이 재미있다면 | 54쪽

◆ 서른 살에 은퇴한다면 | 78쪽

노예제도를
폐지한다면

19세기에 사람들은 노예제도를 폐지하면 경제에 어떤 영향을 미칠지 알지 못했다. 노예제도를 지지하는 사람들과 반대하는 사람들은 노예제도를 폐지할 경우 발생할 일에 대해 맹렬히 토론했다. 역사가들은 지금도 이 토론을 이어가고 있다. 노예제도 폐지가 큰 관용을 베푼 결정일까, 아니면 지혜롭게 사리사욕을 추구한 것일까?

1807년 노예제도 폐지론자들이 처음으로 미국 상원 의원에 당선되었을 때, 대다수 지식인들은 노예제도를 폐지하면 어마어마한 비용이 필요할 것이라고 믿었다. 노예제도 폐지 결정은 경제학자들이 아니라 복음주의 운동에 참여한 종교 지도자들이 주도했다. 아프리카 대륙의 노예를 서인도제도와 아메리카 대륙으로 데려간 영국인들은 그곳에서 만든 담배와 설탕을 리버풀Liverpool과 브리스틀Bristol로 가져왔다. 이것이 영국의 무역 방식이었고, 영국은 세계 노예무역의 통제권을 계속 장악할 수도 있었지만 그 길을 선택하지 않았다.

서인도제도의 플랜테이션 농장주들은 강하게 반발하여 프랑스와 스페인이 노예 거래를 가로채 이익을 낼 것이라고 경고했다. 결국 농장주들은 설득에 실패했고, 노예제도는 1833년 대영제국에서 완전히 폐지되었다. 농장주들은 2000만 파운드라는 막대한 보상금을 받았다.

노예제도의 폐지는 그 자체가 옳은 일이기 때문에 막대한 재정적 손실에도 강행한 용기 있는 결단으로 보인다. 하지만 최근 역사학자들은 1770년대 이후 브라질과 쿠바에서 값싼 설탕이 생산됨에 따라 서인도제도 플랜테이션의 수익성이 급격히 떨어진 점에 주목하기 시작했다. 영국은 노예제도를 폐지하기로 결정한 직후 다른 국가들이 이익을 차지할 수 없도록 조치를 취했다. 영국 해군은 아프리카 해변을 순찰하면서 타국 플랜테이션으로 향하는 노예 거래 선박을 체포했다. 이런 관행은 노예 거래가 완전히 사라질 때까지 계속되었다.

목화 재배도 노예경제와 긴밀한 관계가 있었다. 목화 생산량이 증가한 것은 미국 남부 지역에서 여전히 운영되던 플랜테이션의 이윤이 다시 증가했음을 의미했다. 19세기 초부터 1861년 남북전쟁이 벌어질 때까지 주요 지표로 여겨지던 노예 가격은 계속 상승했다. 1800년 600달러에 거래되던 30세 남자 노예 가격은 남북전쟁 당시 3000달러까지 치솟았다. 이는 인플레이션보다 빠른 속도였다. 경제학자들은 1860년 미국 남부 소유주들이 가진 총 노예의 가치를 40억 달러로 추정한다. 이 어마어마한 돈은 전쟁을 치르는 데 충분한 이유가 되었고, 노예제도가 폐지되었을 때 어떤 일이 발생할지 보여주는 지표였다.

미국 경제학자 로버트 포겔Robert Fogel과 스탠리 엥거먼 Stanley Engerman은 1974년 출간한 *Time on the Cross : The Economics of American Negro Slavery*(시간의 횡단 : 미국 흑인 노예의 경제학)에서 현대 통계학을 적용해 노예제도의 수익성을 연구했는데, 이 연구는 엄청난 반향을 불러일으켰다. 이들은 노예를 사용하는 농장의 효율성이 노예를 사용하지 않는 농장의 절반 수준에 불과하다고 주장했다. 역사는 우리에게 노예경제학을 잘 증명해준다. 노예해방선언 이후 북부 연방이 노예의 조속한 해방을 강요하면서, 미국의 최남단 지역은 극심한 가난을 겪었다.

이를 종합해보면 노예 거래 폐지는 매우 단순한 의도로 결정되었음을 알 수 있다. 노예제도를 폐지하는 것이 옳은 일이기에 경제적 손실도 감수한 것이다. 또 다른 방식으로

이 문제에 접근해볼 수 있다. 최근에 발견된 증거를 보면, 노예는 수익성이 좋은 투자 수단이기에 주인들에게 인간적인 대우를 받았다는 것을 확인할 수 있다. 하지만 자유를 얻은 뒤 경제적인 어려움에도 극소수 노예들만 전 주인에게 돌아가 고용 형태로 일했다. 노예제도와 관련된 경제학 연구는 노예들이 인간의 존엄성과 삶의 기회를 잃어가면서 치른 엄청난 대가를 간과하는 경향이 있다.

현대 경제학은 노예제도 폐지가 복잡한 문제라는 점을 시사한다. 인간이 자신의 능력과 상상력을 자유롭게 사용하면 모든 사람에게 이익이 된다. 자유가 없다면 우리의 능력은 무용지물이 될 것이다. 지난 두 세기를 돌아볼 때, 이 질문에 우리의 대답은 다음과 같다. 계속 노예로 살았을지도 모를 사람들의 능력이 수 세대 동안 발휘되면서 우리는 이익을 누렸다. 그들은 지금도 자기 능력을 발휘하고 있다.

마르크스가
옳다면

데이비드 보일 David Boyle

대다수 경제학자와 달리 독일의 경제학자 카를 마르크스Karl Heinrich Marx는 미래에 일어날 일에 대해 자신이 믿는 바를 글에서 명확하게 밝혔다. 그는 머지 않은 미래에 프롤레타리아가 부르주아를 무너뜨릴 것이라고 예측했다. 또 토지와 공장, 집의 개인적인 소유가 폐지되고, 예금과 공장, 운송 수단이 모두 정부에 귀속될 것이라고 예측했다. 마르크스는 이것이 행복하고 좋은 일이라고 말하지는 않았지만, 불가피한 일이라고 주장했다.

그의 예측은 빗나갔다. 마르크스가 옳다면 그가 말한 혁명은 미래의 어느 시점에 아직도 존재한다는 뜻이다. 그렇게 된다면 복지 급여와 소비, 노동시간을 줄이고, 인간 노동의 가치가 기계들에 의해서 훼손되지 않도록 노력하며 인간답게 일하고자 한 지난 150년은 무의미한 시간이

될 것이다. 이는 자기 삶에 불만족한 사람들의 목소리가 현재 사회구조를 무너뜨릴 때까지 계속될 것이라는 뜻이기도 하다. 또 세계의 부를 창출하는 사람들, 즉 오늘날 중국과 아시아 지역 공장의 열악한 상황에서도 일하는 가난한 사람들이 생산수단의 통제권을 확보할 것이다. 자신이 가진 돈을 투자해서 더 큰 부를 축적한 월 스트리트Wall Street와 런던London의 은행 간부들은 공장과 농장에서 일할 것이다.

마르크스는 혁명가로서 많은 말을 남겼다. 그중에는 자본주의가 전통과 민족주의, 충성심과 인간관계를 갉아먹을 것이라는 예측도 있었다. 그가 남긴 말 중에서 적어도 이 말은 옳다.

"판매되는 모든 것은 공기 중에 사라질 것이다."

진짜?
그렇다면

마르크스 혁명이 실제로 일어난다면 여러 가지 의문점이 생길 것이다. 혁명은 얼마나 오랫동안 지속될까? 중앙집권 국가들이 가장 잘 계획해서 가장 효율적이고 지속 가능한 혁명을 진행할 수 있을까? 20세기 중반 스탈린Iosif Vissarionovich Stalin이 소비에트연방을 지배한 역사를 보면 중앙집권 국가의 마르크스 혁명이 최악의 결과를 초래할 수 있다는 사실을 짐작케 한다. 오스트리아 출신 영국 철학자 칼 포퍼Karl Popper는 『열린사회와 그 적들The Open Society and its Enemies』에서 그런 사회는 적응할 수 없는 사회가 될 것이라고 주장했다.

놀라운 사실

유럽에서 공산당이 기록한 가장 높은 득표율은 이탈리아 공산당이 기록한 **34**퍼센트다.

스탈린이 통치할 때 시베리아Siberia에 있는 교정 노동 수용소로 끌려간 사람은 **350**만 명으로 추정된다.

함께 생각하기

◆ 사회 같은 것이 있다면 | 102쪽

◆ 경제의 목적이 행복이라면 | 194쪽

집안일에 보수를 제공한다면

헬렌 커슬리 Helen Kersley

서유럽 사람들은 일을 한다면 직장을 얻어 경제 속으로 들어가 급여를 받는다는 일반적인 생각을 한다. 인턴이나 자원봉사자처럼 급여를 받지 않고 일하는 사람들은 앞으로 급여를 받으리라고 기대한다. 하지만 가정에서 일어나는 활동들은 어떤가? 아이들과 가족을 돌보고, 물질적이고 정신적인 영양분을 공급하며, 날마다 발생하는 사건과 문제를 해결하는 것을 일이라고 말할 수 있을까? 이 활동들은 매우 힘들고 많은 시간이 필요하다.

집안일은 일시적이고 장기적으로 중요한 인간의 필요를 채워주고, 사람들이 밖에 나가서 자기 일을 할 수 있는 자유를 준다. 하지만 집안일은 돈을 주고 다른 사람에게 시키지 않으면 경제에서 보이지 않는 일이 된다. 가정부를 고용하면 집안일은 크지 않지만 인식이 가능한 경제적 가치를

발생시킨다. 이 경우에도 일 자체가 바뀐 것은 아니고, 그 일을 하는 사람이 바뀌었을 뿐이다.

꼭 필요한 집안일을 하는 대가로 다른 사람에게 돈을 지불한다면, 집안일을 하는 모든 사람에게 돈을 지불하면 어떨까? 영국은 양육 수당으로 많은 부모들에게 최소한의 급여를 제공한다. 양육 수당은 직업을 통해서 얻는 급여와 같은 방식으로 얻는 수입은 아니다. 현재 많은 지역에서 두 아이를 둔 부모에게 아주 적은 돈이 양육 수당으로 지급되고, 미국에서도 가난한 사람들에게 한시적으로 지급된다.

우리가 집안일을 하는 사람들에게 적정한 월급을 주면 어떻게 될까? 이를 통해 수백만 명, 특히 여성들은 경제적 힘이 생기고 더 공평하게 대접받을 것이다. 집안일을 하는 사람들도 수익을 공유할 것이고, 우리는 부의 창출이 전통적인 경제에서나 가능하다는 생각을 내려놓고 집안일이 얼마나 중요한 일인지 인정할 것이다. 집안일을 하는 사람들은 늘어나는 수입으로 사회적 지위의 변화를 경험할 것이다. "무슨 일을 하세요?"라는 질문에 당신이 "집에 있어요"라고 말해도 분위기는 전혀 썰렁해지지 않을 것이다.

집안일에 보수를 지급하면 비非시장 노동이 인류의 번영에 공헌하지 않는다는 통념을 없애는 데 도움이 될 것이다. 또 우리는 가치의 구성 요소를 더 넓게 이해할 것이다. 집안일하는 사람들에게 월급을 주기 위해서는 세금과 급여 체계 정비를 통한 소득의 재분배가 필요하다. 물론 이 문제는 논쟁의 여지가 많다. 이는 현재 시행 중인 장려책에 영향을 줄 것이며, 인간의 활동을 다시 정의할 것이다. 이 일을 통해서 사람들과 공동체 사이에 존재하는 거대한 불평등 문제를 해결하겠지만, 이 일에는 엄청난 재원이 필요할 것이다.

놀라운 사실

OECD 회원국에서 무보수 가정 생산이 차지하는 경제활동 가치는 **3**분의 **1**에서 **2**분의 **1**에 달한다. 하지만 무보수 가정 생산은 GDP와 같은 전통적인 경제성장 지수에 포함되지 않는다.

함께 생각하기

◆ 개인의 능력에 따라 보수를 받는다면 | 70쪽

◆ 모두 월급이 똑같다면 | 74쪽

모든 사람이
원하는 곳에 살 수 있다면

팀 루닉 Tim Leunig

19세기 미국은 엄청난 수의 유럽인 이민을 받아들였다. 당시 미국으로 가는 비용은 비싸고 긴 시간이 걸렸으며, 이민을 선택한다는 것은 가족을 다시 볼 수도 목소리를 들을 수도 없다는 의미였지만, 수백만 명이 미국으로 이주했다. 오늘날 우리가 이용하는 비행기는 상대적으로 값이 싸고 매우 빠르다. 편지나 전화, 이메일과 문자메시지, 인터넷을 이용한 화상 전화로 고향에 있는 친구들과 연락할 수 있다. 사람들은 기회만 있으면 가난한 나라에서 부유한 나라로 이민을 가서, 더 열심히 일하고 더 나은 삶을 만들고 싶어 한다.

최근에 많은 사람들이 위험을 감수하더라도 미국이나 오스트레일리아, 유럽 국가로 이민을 원한다. 모든 사람에게 원하는 곳에 살도록 허락한다면 젊은 사람들이 가장

먼저 계획할 것이다. 이민에 성공한 이들은 친구와 가족에게도 이민을 권유할 것이다. 그렇게 되면 이민을 원하는 사람은 눈덩이처럼 불어난다. 많은 사람들이 한 곳으로 이주하면 그다음에 오는 사람들은 외국어를 못 해도 직장을 구할 수 있다. 중국인 2000만 명이 캘리포니아California로 이민을 간다면 그 후 캘리포니아로 가는 중국인은 영어를 말하지 않아도 미국에서 살 수 있다.

그러나 모든 사람들이 이민을 선택하지는 않을 것이다. 가족과 국가에 애착이 있는 사람들이 많고, 더러는 삶을 처음부터 새로 시작할 용기가 없는 사람들도 있게 마련이다. 모든 사람들에게 원하는 곳에 살 수 있는 기회를 준다고 했을 때, 얼마나 많은 사람들이 이민을 갈지 예상하는 것은 거의 불가능하다. 1억 명 미만이 이민을 갈지, 5억 명 이상이 이민을 갈지 알 수 없다. 현재 이탈리아의 경제 상황은 매우 좋지 않지만, 이탈리아인은 애국심이 강해서 경제 상황이 좋은 독일로 이주할 리 없다. 문화적인 요인도 무시할 수 없기 때문이다.

장기적으로 봤을 때 사람들은 기후가 좋은 곳으로 이주할 것이다. OECD 회원국 중 이탈리아를 제외한 모든 나라 사람들은 자국에서 남쪽으로 이주하기 시작했다. 자유로운 이동이 보장되는데 캐나다나 북유럽, 러시아에서 살고 싶어 하는 사람은 별로 없을 것이다. 캘리포니아처럼 따뜻한 곳에는 사람들이 몰릴 것이다. 덥고 화창한 국가들은 냉방 시설 덕분에 많은 사람이 몰리겠지만, 엄청난 물 공급 문제가 발생할 것으로 예상된다.

놀라운 사실

1850~1930년 유럽에서 미국으로 이주한 사람은 **2500**만 명이다.

2012년 조사에 따르면, 전 세계 **6억 4000**만 명이 이민을 희망하고 있다.

전 세계적으로 해마다 **3000**억 달러가 고국에서 이민자들에게 송금되고 있다.

함께 생각하기

◆ 비행기를 타지 않는다면 | 170쪽

◆ 돈이 국경을 넘는 데 여권이 필요하다면 | 214쪽

시장

　　　　　　　　　　시장은 분명 모든 곳에 존재한다. 채소와
과일 가판대가 즐비한 도심 광장부터 국제화폐 거래소, 원
자재 거래소에 이르기까지 시장은 곳곳에 존재한다. 우리
는 소비 결정에 참여하고, 그 결정을 통해 시장이 형성된
다. 하지만 시장은 다른 곳에서도 발견된다. 우리가 회사
로 출근할 가장 빠른 길을 결정할 때, 집안일을 시킬 사람
을 결정할 때도 시장이 형성된다. 실제 돈거래가 없다고
그곳에서 시장 행동이 일어날 가능성 자체가 없어진다고
볼 수는 없다.

　이런 문제 때문에 시장을 이해하는 가장 좋은 방법이 무
엇인지 알기 어려웠고, 과거 경제학은 종종 어려움에 부딪
히곤 했다. 경제학자들은 거래와 가치에 대해 잘 이해하고

있다. 하지만 경제학자들이 심리학(행동경제학)과 물리학(계량경제학)을 함께 연구하고, 지구의 생명 시스템이 인간에게 상품과 서비스를 제공하는 방식을 이해하기 위해 생태학을 고려한다면 거래와 가치를 더 깊이 이해할 수 있을 것이다.

시장의 문제는 정치경제학의 여러 세부 분야에서 가장 중요한 문제다. 시장의 특이성과 불규칙성이 없어지면 시장은 완벽하게 공평하고 효과적일 수 있을까? 이런 이상이 현실 세계에서 가능하기는 할까? 사람들이 원하는 대로 상품을 분배할 더 좋은 방법이 있을까? 방법이 있다면 그 방법은 불안정하거나 비효율적일까? 시장이 상품 가격을 결정했는데 아무도 그 상품을 살 여력이 없다면 어떻게 될까?

이것들이 우리가 이번 장에서 생각해볼 문제의 기본 골

자다. 우리가 만들 수 없는 물건들만 수입하면 어떻게 될까? 사람들이 갑자기 소비를 멈추거나, 튤립 가격이 천정부지로 치솟으면 어떻게 될까? 우리는 튤립 가격 문제의 해답을 알기 때문에 쉽게 생각해볼 수 있다. 17세기 네덜란드연방공화국에서 일어난 이 사건은 역사에 기록된 최악의 거품경제다. 질문에 대한 당신의 답을 전문가의 답과 비교해보자.

경제성장이
멈춘다면

토니 그린햄 Tony Greenham

산업혁명 이후 생산성이 급격히 증가함에 따라, 선진국에 사는 10억 명이 넘는 사람들은 이전에 경험해보지 못한 상품과 서비스를 소비했다. 개발도상국에서 목격되는 가파른 성장은 또 다른 10억 명에게 물질적인 풍요를 약속하고 있다. 경제학자들은 생산의 경제적 가치를 통해서 경제 규모를 측정하는데, 이를 GDP라고 한다. 우리는 더 높은 GDP가 항상 좋은 것이라고 생각하는데, 늘어난 GDP를 통해 소비가 늘어나고 더 많은 일자리가 생기며, 정부는 공공서비스에 투자하기 위한 더 많은 재원을 세금으로 확보할 수 있기 때문이다.

하지만 GDP는 인간의 진보를 측정하는 좋은 기준이 될 수 없다. GDP는 범죄와 같이 인간의 복지에 해를 미치는 행동을 계산하지만, 자유나 우정과 같이 인간의 삶을 가치

있게 만드는 것들은 포함하지 않는다. 또 지구의 유한한 자원의 소비를 소득으로 계산하고, 오염과 기후변화에 따른 비용은 무시한다. 이 때문에 GDP 성장과 삶의 질 개선의 상관관계는 개발도상국보다 선진국에서 약화되는 경향이 있다. 추가적인 소득을 어떤 방식으로 공유할까 하는 점도 중요한 문제다. 빈부 격차가 심해지면 경제가 성장한다고 해도 대다수 사람들은 가난으로 내몰린다.

18~19세기 경제학자들은 인간의 물질적 필요가 모두 충족되면 경제성장이 멈출 것이고, 한정된 자원 때문에 소비 역시 영원히 증가할 수 없을 거라고 예측했다. 하지만 이들은 경제성장이 둔화됨에 따라 문화적·사회적·과학적 발전이 멈출 것이라고 예측하지 않았다. 대신 성장이 멈추거나 안정적인 상태에 도달한 경제 덕분에 사람들이 부를 위해 부를 축적하는 '추악하고 병적인 상태'에 집착하지 않고, 좀더 '현명하고 쾌활하고 만족스럽게' 살 수 있는 방법에 집중할 것이라고 예측했다.

시간이 흐르면서 기술이 발달함에 따라 인간의 생산성은 더욱 높아지고, 같은 양을 생산하는 데 필요한 인간의 노동은 줄어들 것이다. 우리는 장기적으로 안정된 경제에서 생산성이 높아짐에 따라 실업률의 증가를 막기 위해 근무시간을 조금씩 줄여야 할 것이다. 가난한 나라들이 선진국과 동일한 물질 소비를 지속할 수 있게 지원하기 위해서, 우리는 천연자원을 더 효율적으로 사용할 방법을 강구해야 할 것이다.

놀라운 사실

영국 경제학자 앵거스 메디슨Angus Meddison은 현재 1인당 GDP는 1820년과 비교할 때 **11.4**배 정도 된다고 추정했다.

함께 생각하기

◆ 돈에 열역학법칙을 적용한다면 | 30쪽

◆ 자동차 생산이 금융거래만큼 빨라진다면 | 210쪽

이자가
없다면

토니 그린햄 Tony Greenham

　　돈을 빌린 사람이 이자를 지불하는 것과 저축해서 이자를 받는 것은 많은 문화에서 흔히 발견되는 관행이다. 이자가 없는 금융 제도는 상상하기 어렵지만, 역사적으로 이자를 부과하는 것은 종종 논쟁거리가 되었다. 이자를 부과하는 관행은 고리대금업으로 여겨져 이슬람교와 불교, 유대교, 기독교 등에서 비판을 받기도 했다. 시간이 지나면서 다른 문화권에서는 고리대금이 과도한 이자를 청구하는 의미로 사용되지만, 이슬람 문화권에서는 지금도 이자를 고리대금이라며 금지하고 있다.

　이자를 금지한다고 해서 사람들이 저축과 투자를 포기하는 것은 아니다. 대신 투자자는 자금이 투자되는 기업의 손실과 이윤을 공유한다. 이를 주식 투자라고 하는데, 투자자는 기업의 성패와 무관하게 고정된 이자 대신 이익에

대한 배당금을 받는다. 이자가 없다면 모든 기업 투자는 주식 투자 방식으로 진행되고, 기업가와 투자자는 이윤을 나눌 것이다.

하지만 모든 대출이 기업 투자에 쓰이는 것은 아니다. 세계 최초로 주택 건설 조합이 등장한 것은 18세기 후반 영국이다. 조합원들은 공동 기금을 조성해서 차례로 집을 사기 위한 대출을 받았다. 기금 조성과 대출은 무이자로, 돈을 빌리고 빌려주는 것은 조합원들의 상호 협의 아래 진행되었다. 오늘날에도 스웨덴의 JAK은행JAK Members Bank은 정기예금을 예탁한 회원들에게 무이자로 대출해준다. 이런 방법으로 예금자와 대출자는 항상 균형을 이루고, 회원들은 빚이 늘어나는 것을 막을 수 있다. JAK은행은 소정의 가입비와 연회비로 운영된다.

이자가 없는 세상에서 예금자들은 기대를 바꿔야 한다. 대다수 은행 시스템에서 우리는 손실의 위험 없이 예금에 대한 보상을 기대한다. 실제로 정부는 은행이 파산하는 경우가 생기더라도 예금을 대부분 보장하는 정책을 취한다. 하지만 아무 일도 하지 않고, 위험부담도 없이 재정적인 보상을 기대하는 것 자체가 고리대금업이다.

이자가 없다면 우리는 자산을 안전하게 예금할지, 투자를 통해 보상받을지 결정해야 한다. 어쩌면 우리는 예금하기 위해 수수료를 지불해야 할지도 모른다. 소중한 물건을 지키기 위해 안전한 금고를 빌리는 것이기 때문이다. 반대로 투자를 통해 이익을 얻기로 결정한다면 우리는 은행에서 어떤 사람들이 돈을 빌리는지, 우리 돈이 실제로 어떻게 사용되는지 지금보다 걱정하며 살 것이다.

놀라운 사실

페이데이 론payday loan(월급날 갚는 조건으로 돈을 빌리는 고금리 단기 대출—옮긴이)은 일반적으로 연 이율 **2000**퍼센트다.

100달러가 100년 동안 10퍼센트 복리 이자를 받으면 **138**만 달러가 된다.

함께 생각하기

◆ 돈이라는 게 없다면 | 34쪽

◆ 은행이 없다면 | 218쪽

여성이 금융을 책임진다면

루스 포츠 Ruth Potts

2007년 케임브리지대학에서 금융 제도의 위험성과 지나친 믿음에 테스토스테론이 주는 영향을 연구했다. 연구자들은 성공한 사람과 실패한 사람의 테스토스테론의 차이를 알아보기 위해 상인들을 대상으로 실험했다. 상인이 평소보다 많은 수익을 얻는 날 호르몬이 상당히 높은 것으로 나타났다. 연구진은 상승된 호르몬이 몇 주 동안 지속되면, 만성적으로 증가된 위험부담에 대한 욕구가 행동에 중요한 실수를 초래할 것이라고 추측했다.

신경경제학에 따르면 테스토스테론은 비합리적인 재정 결단을 유발하는 뇌의 전반에 수용기 세포가 있다. 연구자들은 남성과 비교했을 때 테스토스테론이 5~10퍼센트인 여성들이 호르몬의 반응에 민감하지 않을 것이라고 주장했다. 남성을 여성으로 대체하는 것만으로도 투자 방식에

변화가 생길 것이다. 그렇다고 해서 2007년 경제 위기를 초래한 인간의 사고방식까지 바꿀 수는 없을 것이다.

금융은 주로 남성의 영역이며, 남성이 금융업에 적합한 인재라고 여겨졌다. 또 남성적 행동과 기술, 가치가 금융업에 적절할 것이라는 추측이 난무했다. 금융계 종사자들은 잇속에 눈이 멀어 위험을 즐기고, 경쟁심이 강하며, 사회적 관계의 중요성을 무시한 채 기계적으로 사는 사람들이라고 생각된다. 마초적 문화에서 적절한 주의는 불필요하고 나약함을 나타낸다는 이유로 배제되었다.

노르웨이는 기업 이사진의 40퍼센트를 여성으로 채우는 좀더 균형 잡힌 접근법을 택했다. 2002년 노르웨이 기업의 이사진에서 여성이 차지하는 비율은 6퍼센트였지만, 6년 뒤 44퍼센트로 높아졌다. 이런 접근법은 열린 의사 결정을 가능케 했고, 다양한 의견이 수렴되는 것을 보장했다. 노르웨이는 2007년 세계 경제 위기의 영향을 받지 않은 유일한 서구 국가다. 이는 노르웨이가 건강한 은행과 낮은 실업률을 유지했기에 가능했다. 노르웨이의 선례를 따라 우리도 좀더 다양하고 안정적인 금융 제도를 만들고, 성적 고정관념도 깰 수 있을 것이다.

진짜 그렇다면?

금융업에서 좀더 다양한 사람들의 가치를 인정하면 변하는 환경과 증가하는 필요에 적응하는 역동적인 시스템을 만들 수 있다. 여성들의 책임이 증가하면서 남성과 여성의 능력에 대한 고정관념에서 벗어나, 업계에 만연한 선입관을 버리는 데 도움이 될 것이다. 어쩌면 여성들이 금융업에 진출함에 따라 투기로 흘러가는 돈이 줄어들 수도 있다.

놀라운 사실

2011년 발표된 '중앙은행 명부Central Banking Directory'에 따르면, 세계 160개국 중앙은행 중 **12**개 중앙은행은 여성 지도자가 이끌고 있다.

'계좌를 옮기세요Move Your Money'는 미국과 유럽의 예금주들에게 좀더 윤리적인 은행으로 돈을 옮길 것을 격려하는 운동이다. 미국의 **여성 운동가**이자 블로거 아리아나 허핑턴Arianna Huffington과 영국의 대니얼 패파드Dannielle Paffard가 이 운동을 시작했다.

함께 생각하기

◆ 비합리적 여성 경제인이 합리적 남성 경제인의 자리를 차지한다면 | 98쪽

우리가 생산할 수 없는 것들만 수입한다면

앤드루 심스 Andrew Simms

우리가 생산할 수 없는 것만 수입한다면 우리가 보유한 기술에 대대적인 변화가 일어날 것이다. 제조와 토목, 재배와 가공… 이 모든 분야에 르네상스가 일어날 것이다. 거의 모든 분야에서 다시 수습사원 제도를 채택할 것이다. 우리는 만들고 재배하고 천과 나무, 금속을 다루는 기술을 다시 배울 것이다. 동시에 우리는 온갖 재료에 감사하고, 삶의 태도가 많이 달라질 것이다. 물건을 수리하는 능력이 좋아지고, 물건을 버릴 생각도 하지 않을 것이다.

국가 수입에서 무역이 차지하는 비율이 감소하고, 경제는 변하는 화폐가치와 국제수지의 영향을 덜 받을 것이다. 장거리 화물 운송이 급격히 줄면서 연료 사용량도 상당히 감소할 것이다. (한 국가만 이런 변화를 단행하면 다른 국가들에

게 압력을 받을 것이다. 그 결과 일부 국가들이 자국의 상품을 수입할 것을 무력으로 강요하는 경제적 '포함외교gunboat diplomacy'가 발생할 것이다.)

다양한 국산 상품과 서비스를 이용하고, 정부는 국내 공급자에게서 물건을 쉽게 구입할 수 있기 때문에 해외로 나가는 세금을 줄일 수 있을 것이다. 공공 지출에 따른 승수효과(어떤 경제 요인의 변화가 다른 경제 요인의 변화를 가져와 파급 효과를 낳고, 최종적으로는 처음보다 몇 배의 증가나 감소로 나타나는 총 효과—옮긴이)를 통해 부가가치가 창출되고, 돈과 소득이 지역 생산자들 사이에서 원활하게 순환되어 모두 더 잘살 것이다. 일자리 창출이라는 선순환이 일어나고, 더 건강한 경제가 만들어질 것이다.

하지만 국내에서 만들 수 없는 물건의 수입은 여전히 허용될 것이다. 수입되는 물건이 많지 않기 때문에 수입품은 특별하게 여겨질 것이고, 수입품의 희소가치 때문에 암시장이 더 발달할 것이다.

러시아처럼 기후 환경이 나쁜 나라들은 날씨에 따른 농작물 생산량 감소를 고려해 농작물 수출을 유보하고, 수입량을 줄여야 하는 압박을 느낄 것이다. 그 결과 무역에 종사하는 사람들의 국민소득[NI]이 감소할 것이다. 경제 위기에서 어떤 나라는 빠르게 자급 정책을 실행하지만, 작은 섬나라들은 필요한 모든 물건을 만들 수 없을 것이다.

놀라운 사실

2004년 미국이 수입한 요구르트 양은 **4388**톤이다.

2004년 미국이 수출한 요구르트 양은 **3980**톤이다.

함께 생각하기

◆ 환경을 오염시킬 때마다 돈을 내야 한다면 | 174쪽

◆ 국제무역이 금지된다면 | 246쪽

부동산 가격이
30년 전과 동일하다면

토니 그린햄 Tony Greenham

　　　　　　우리가 집을 구매하거나 임대하거나 주
거비는 평생 쓰는 돈에서 분명 가장 큰 지출이다. 집값은
여러 가지 요인에 따라 결정된다. 모든 시장과 마찬가지로
집값에는 수요와 공급의 원칙이 적용된다. 새로운 주거 시
설이 부족하거나 인구가 급격히 증가하면 집값은 자연스
럽게 상승한다.

　지역적인 요인도 중요하다. 어떤 지역이 좋은 교육 시
설과 편리한 교통, 새로운 편의 시설로 사람들의 관심을
받으면, 그 지역 집값은 상대적으로 주변 지역보다 오른
다. 이 경우 정부와 기업이 그 지역에 투자했기 때문에 땅
값도 오른다. 이와 반대로 일부 지역에서는 부동산 가치가
지나치게 떨어져서 아무리 낮은 가격을 제시해도 집을 팔
수 없는 경우가 발생한다.

상품이나 서비스 시장과 달리, 사람들은 보통 대출을 받아 집을 산다. 집을 산 사람은 자신의 소득으로 대출금을 갚아야 한다. 그러므로 모기지론을 받을 가능성과 이자율, 대출자와 채권자가 대출금 상환에 얼마나 확신하느냐에 따라 집값에 큰 영향을 줄 수 있다. 많은 나라에서 목격된 것처럼 가격과 신용, 모기지론 이용성의 큰 변화는 주택 거품과 붕괴 현상을 초래할 수 있다. 일본에서 부동산 거품 현상이 발생한 1986~1990년, 집값은 6~7배까지 올랐다. 거품이 붕괴한 뒤에도 집값이 지나치게 비싸서 모기지론의 100년 상환은 일반적인 일이 되었다.

호황과 불황을 무시한 결과, 많은 나라에서 집값은 임금 상승률보다 훨씬 빠르게 증가했다. 현재 영국의 평균 집값은 연평균 소득의 4.4배인데, 1983년에는 2.7배였다. 주택 임대료도 집값과 함께 올라가는 경향이 있다. 결국 소득수준은 30년 전보다 좋아졌지만, 우리는 소득의 더 많은 부분을 주거비로 지불해야 하는 실정이다.

집값이 30년 전으로 돌아간다면, 가정 소득에서 모기지론과 임대료를 내는 데 사용하는 돈은 줄어들 것이다. 사람들이 더 많은 돈을 다른 곳에 쓸 여력이 생기면서 생활수준이 개선되고, 일하는 시간을 줄일 수 있을 것이다. 그러나 집값에 영향을 주는 요인들은 매우 복잡하다. 집값이 급격히 떨어지면 경제에 심각한 손실이 발생하고, 집주인들은 자기 능력으로 갚을 수 없는 빚에 시달린다.

놀라운 사실

1982~2012년 영국의 평균 집값은 **637**퍼센트 상승했다.

1989년 일본의 부동산 거품 현상 당시, 도쿄東京에서 가장 비싼 상업 지구의 땅값은 제곱미터당 **21만 5000**달러.

세상에서 가장 비싼 도시인 홍콩의 평균 집값은 연평균 소득의 **13.5**배에 달한다.

함께 생각하기

◆ 모든 사람이 원하는 곳에 살 수 있다면 | 122쪽

◆ 이자가 없다면 | 134쪽

돈으로 튤립을
살 수 없다면

튤립이 지구에서 가장 값어치 있는 물건인 시절이 있었다. 1630년대 네덜란드에서 복잡한 경제의 집단적 이상 현상 때문에 발생한 일이다. 1636년 상인들은 몇 달 사이에 튤립 알뿌리 가격을 터무니없이 올렸고, 1637년 2월 몇 주 만에 붕괴하는 가격을 숨 막히게 지켜볼 수밖에 없었다. 이 사건이 세계시장 곳곳에서 발생한 재앙적인 가격 거품 현상의 첫 사례다. 관련된 사람들은 단숨에 부자가 되었다가 결국 파산하고 말았다. 비정상적 가격 폭등은 오늘날까지 계속되고 있다.

튤립은 1554년 서유럽에 소개되었고, 1590년대까지 네덜란드 공화국에서 널리 재배되었다. 이 독특한 식물의 알뿌리는 몇 년 만에 네덜란드령 동인도제도에서 부를 축적한 암스테르담Amsterdam 상인들이 탐내는 사치품이 되었다.

튤립은 봄에만 일시적으로 꽃을 피웠기 때문에, 이국적인 색채를 자랑하는 알뿌리는 꽃 필 때를 제외하고 1년 내내 시장에서 거래되었다.

똑똑한 암스테르담 상인들은 선물 시장을 만들어 봄이 지났을 때 투자자들이 알뿌리를 살 수 있는 제도를 마련했다. 알뿌리 가격은 점점 상승했고, 1634년 프랑스 투기꾼들이 몰리면서 급격히 상승하기 시작했다. 봄이 지나고 튤립 알뿌리를 사기로 약속한 계약서들이 암스테르담의 여관에서 비싼 값에 사고 팔렸다. 당시 계약하던 사람들이 주고받은 것은 계약서뿐이기에 이 거래는 '바람 거래'라고 불렸고, 이 계약서들은 하루에 10번 이상 거래되기도 했다.

2세기 후 스코틀랜드 출신 기자 찰스 매케이Charles MacKay는 『대중의 미망과 광기Memoirs of Extraordinary Popular Delusions and the Madness of Crowds』에서 귀족과 시민, 농부와 기계공, 선원과 하인, 굴뚝 청소부와 헌 옷 장수가 너나없이 튤립에 손을 댔다고 설명했다. 모든 계층 사람들이 자기 소유를 팔아 현금으로 바꾼 뒤, 그 돈을 튤립에 투자했다. 주택과 토지는 헐값에 팔리거나, 튤립 시장에서 경매된 튤립 가격을 대신 지불하는 데 사용되었다. 외국인까지 이런 광기에 휘말렸고, 돈이 사방에서 네덜란드로 흘러들었다. 집과 땅, 말과 마차 같은 생필품 가격이 서서히 올랐고, 모든 사치품도 가격이 상승했다. 마치 네덜란드에 재물의 신 플루토스Plutus가 있는 것 같았다.

튤립 알뿌리 가격은 비정상적으로 올랐고, 희귀하게 생긴 알뿌리는 투기 목적으로 거래되었다. 어떤 알뿌리 가격은 당시 노동자가 1년 동안 받는 임금의 10배에 달했다. 튤립 알뿌리를 양파로 착각하고 먹어서 한 번에 대저택을 집어삼킨 사람이 있다는 재미난 소문이 돌았다.

알뿌리 열기는 네덜란드의 다른 도시로 퍼졌고, 1637년 2월 하를럼Haarlem에서 갑자기 열기가 식었다. 당시 유럽에서 림프샘 페스트(흑사병의 일종 – 옮긴이)가 발생했고, 구매자들이 튤립 알뿌리 경매장에 모습을 드러내지 않은 것이다. 병에 대한 두려움이 확산됨에 따라 시장이 붕괴했고, 알뿌리 가격은 광기가 최고조에 다다랐을 때와 비교해서 100분의 1 수준으로 떨어졌다.

최근 학자들은 이 사건에 대한 과거 진술의 확실성에 의문을 품고, 실제로 일어난 일을 설명하기 위해 노력하고 있다. 1636년 네덜란드 의회에서 통과된 법안은 당시 알뿌리 계약서를 '선택권'으로 재해석해 투기를 조장한 것으로 분석된다. 즉 사람들은 계약 만료일이 되었을 때 실제로 알뿌리를 사야 할 의무는 없지만, 계약서를 판 사람에게 어느 정도 보상금을 지불해야 했다. 상인들은 이를 위험부담이 없는 투자라고 생각했다.

국가가 시장의 존재를
무시한다면

루스 포츠 Ruth Potts

2008년 경제 위기가 발생한 뒤 아이슬란드가 시장을 무시했을 때 벌어진 일련의 사건을 보면, 우리는 이 질문의 답을 부분적으로 알고 있다. 아이슬란드의 경제 규모와 비교했을 때, 아이슬란드의 은행권 붕괴는 경제 역사상 심각한 사건으로 손꼽힌다. 아이슬란드는 지난 30년간 부유한 나라 가운데 처음으로 국제통화기금IMF의 지원을 받은 경우다.

그러나 2013년 들어 아이슬란드 경제는 2.7퍼센트 성장한 반면, 영국 경제는 트리플딥(경기가 일시적으로 회복되었다가 다시 침체되는 현상이 반복적으로 일어나는 일―옮긴이)의 벼랑에서 흔들리고 말았다. 2009년 아이슬란드 GDP의 13.5퍼센트에 달하던 예산 적자는 2011년 2.3퍼센트로 떨어졌다. 아이슬란드는 이런 성공이 세계시장을 무시

한 결과라고 주장했다. 아이슬란드는 은행권이 파산하게 내버려두었고(업계 1~2위 은행의 은행장들은 재판에 넘겨졌다), 자본 통제를 강화함으로써 외국 투자자들이 아이슬란드에서 수익을 얻지 못하도록 만들었다.

전문가들은 아이슬란드의 경제에 상당한 인플레이션이 발생했고, 정부가 자유 시장 정책을 무분별하게 수용했기 때문에 경제 붕괴 현상이 발생한 것이라고 분석했다. 하지만 경제 위기 이후 아이슬란드는 재빨리 정책을 바꿨다. 시장을 무시하면 국가적 재난이 발생하고 자국 화폐도 휴지 조각이 된다는 것이 일반적 견해인데, 아이슬란드는 이 견해가 항상 옳지는 않다는 것을 보여준다.

신용 등급 평가 기관들은 국제시장의 흐름을 저해하는 시장 저항적 정책을 좋아하지 않을 것이다. 우리가 결과를 정확히 예측할 수는 없지만, 국가들이 시장 저항적 정책을 사용하는 것은 일정 부분 도움이 될 것이다. 자본 통제를 위해 예산이 필요할 것이다. 국외로 빠져나가는 자본을 감시하기 위한 행정 부서가 필요하기 때문인데, 쉬운 일은 아닐 것이다. 하지만 시장 저항적 정책으로 정부는 세계무역에 악영향을 주지 않고 필요에 따라 돈을 발행할 자유를 얻을 것이다. 현재 시장경제에 저항하는 것이 성공을 부를 수도 있고, 국가들이 더 밝은 미래에 투자하는 일이 될 수도 있다.

한 나라가 시장의 존재를 무시하면, 그 나라 경제는 금융에 관심을 집중하는 대신 많은 사람들의 실질적 필요에 관심을 기울일 것이다. 국가는 자본 통제로 미래를 준비할 수 있기 때문에 무방비 상태로 미래를 맞이하는 일은 없을 것이다. 주변국들도 같은 방식을 채택할 테고, 시장보다 공동체의 결정권이 강화되는 전혀 다른 세계경제를 만들 것이다.

놀라운 사실

매킨지사의 한 수석 경제학자는 세계의 부호들이 각국의 조세 피난처에 숨겨놓은 돈이 **32**조 달러에 이를 거라고 예측했다.

유럽 11개국이 채택한 금융거래세 때문에 **300**억~**350**억 유로가 발생할 것으로 예상된다.

함께 생각하기

◆ 시세 상승론자와 하락론자를 모두 가둔다면 | 162쪽

◆ 은행들이 다시 망한다면 | 226쪽

우리가 물건을
사지 않는다면

루스 포츠 Ruth Potts

"나는 쇼핑을 한다. 고로 나는 존재한다."
현대사회를 잘 보여주는 말이다. 단순히 보면 우리가 더 많
은 물건을 구매하면 경제는 성장할 것이고, 이는 좋은 일이
다. 우리가 물건을 사지 않는다면 어떤 일이 일어날까? 우
리 모두 갑자기 소비를 멈추고 정부가 아무런 조치를 취하
지 않는다면, 그 결과는 분명히 참혹할 것이다.

지속적 성장에 의존하는 시스템은 멈추기 시작할 것이다.
자금이 시장에 순환되지 않으면서 경제는 파멸할 것이다. 정
부와 기업들은 경제가 완전히 붕괴되는 것을 막기 위해 소비
를 해달라고 우리에게 간곡히 부탁할 것이다. 엄청난 물건이
공급되겠지만, 급증하는 실업자들은 물건을 사지 못할 것이
다. 채무자들은 돈을 버는 데 상당한 어려움을 겪을 것이다.

하지만 물건을 사지 않는 사람들이 있기 때문에 새로운

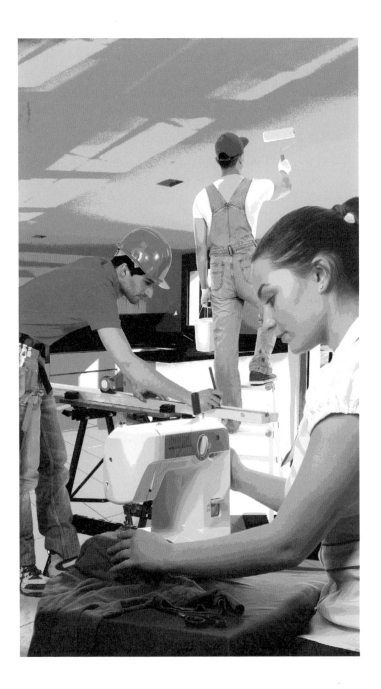

기회가 생길 수 있다. 사람들은 자신이 가진 물건을 고치고, 새로운 방식으로 사용하고, 공유해야 할 것이다. 그렇기에 긍정적인 면이 있다. 우리가 가진 물건을 수리하기 위해서는 숙련된 기술이 있는 사람들이 필요하고, 이는 일자리 창출로 이어질 가능성이 높다.

공동 구매가 성행하는데, 만약 공동 생산을 하면 어떻게 될까? 우리는 필요한 물건을 공유하고, 빌려 쓰고, 고치거나, 더 많이 만들 수도 있다. 우리 모두 다양하고 실용적인 기술이 있다면, 일회용품이나 붙박이 가구 때문에 골치를 썩지 않고, 주변을 좀더 우리가 원하는 방식으로 꾸밀 수 있을 것이다. 우리는 거의 똑같이 생긴 생필품 중에서 가지고 싶은 것을 고르는 이상한 선택을 할 필요가 없을 것이다. 우리는 좀더 풍요롭고 흥미롭게 살 것이다.

인터넷에서 음원 파일을 구입하지 않는다면 우리는 스스로 음악을 만들어낼 것이다. 슈퍼마켓에서 식재료를 구입하지 않으면 우리는 채소와 과일을 재배하여 도시를 거대한 농장으로 만들 것이다. "우리는 만든다. 고로 우리는 존재한다." 이 말이 어울리는 세상이 될 것이다.

수명이 길고, 평생 재사용할 수 있는 물건을 스스로 만들어내는 새로운 물질주의적 세상에서 우리는 세상을 유지하기 위해 다양한 일을 해야 하는 큰 변화를 맞이할 것이다. 배관공, 전기 기술자, 건축업자, 목수, 농부, 엔지니어, 재봉사, 화가, 도예가 등 수많은 직업에 종사하는 사람이 증가할 것이다. 물건을 수명이 다할 때까지 사용하면서 창의성과 지성이 개발되고, 더 깊이 생각할 것이다. 소비를 줄이면서 우리는 삶에 대해 더 많은 것을 배울 것이다.

놀라운 사실

미국의 시장조사 회사 얀켈로비치에 따르면, 일반 도시 거주자가 하루에 노출되는 광고의 수는 1982년 2000개에서 현재 5000개로 **3000**개 증가했다.

세상에서 가장 오래된 증기차 라마키스De Dion Steam Runabout 는 **1884**년에 제작되었다. 이 자동차는 2011년 10월 경매될 때까지 한 가족이 81년 동안 사용했다.

함께 생각하기

◆ 일이 재미있다면 | 54쪽

◆ 우리가 생산할 수 없는 것들만 수입한다면 | 142쪽

시세 상승론자와
하락론자를
모두 가둔다면

데이비드 보일 David Boyle

뉴욕의 월 스트리트에 가면 금융가에서 우상처럼 여겨지는 '돌진하는 황소' 조각상을 볼 수 있다. 이 황소는 금융 제도에 대한 희망의 상징이다. 즉 황소는 시세 하락론자(불곰)가 아니라 상승론자의 상징이다. 상승론자와 하락론자를 모두 가두고, 시장을 진정한다고 가정해보자. 투기꾼들도 다 잡아넣는다고 생각해보자.

현재의 투기 활동이 매우 생산적이지 않다는 사실이 분명함에도 금융 서비스를 통한 이익은 감소하겠지만, 그 감소 폭은 크지 않을 것이다. 많은 재무관리사들이 일자리를 잃을 것이다. 연금제도에 약간 어려움이 생기겠지만 금융 제도는 더 견고해지고, 돈이 제 기능을 못하게 만드는 투기 자본으로 발생하는 문제의 위험성이 감소할 것이다.

시세 상승론자와 하락론자를 모두 가두는 것은 토머스

파생 상품 시장의 추상적 가치는
세계경제 규모의 11배다.

$791,000,000,000,000

=

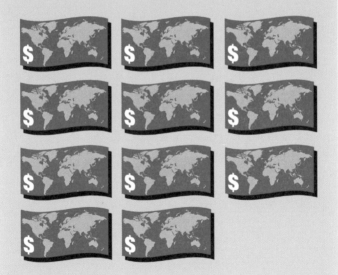

프리드먼Thomas Friedman이 '전자 소 떼electronic herd'라고 부른 사람들을 잡아 가둔다는 말이다. '전자 소 떼'라고 불리는 글로벌 자본이 손실 위험에 따라 국채를 사고파는 행위를 계속해서, 관계 당국은 잠시도 눈을 돌릴 수 없을 것이다. 투기꾼들을 카지노에 몰아넣고 실컷 도박을 하게 만든다면, 우리는 기업들이 필요로 하는 자금 확대를 돕는 주식 시장의 원래 목적을 달성하도록 더 좋은 환경을 만들 수 있을 것이다. 상승론자와 하락론자들도 새로운 잠재적 투자처를 면밀히 살펴보려 할 것이다. 그들의 영향력이 전혀 없는 세상을 상상하기는 어렵지만, 그들의 영향력이 줄어든 세상은 생각해볼 수 있다.

이 문제에는 또 다른 중요한 문제가 있다. 우리가 투자자들에게서 돈을 마련하는 데 주식시장보다 좋은 무언가를 만들 수 있을까? 그 가능성은 희박할 것이다. 하지만 우리는 더 작고 지역적인, 더 전문화되고 윤리적인 주식시장을 만들 수 있을 것이다. 우리는 황소와 불곰이 문 앞에서 으르렁대도 위험을 줄이는 시장을 만들 수 있을 것이다.

놀라운 사실

세계 주식시장에 날마다 유입되는 돈은 **4**조 달러에 달한다.

그중 **95**퍼센트에 달하는 돈은 투자가 아니라 투기다.

함께 생각하기

◆ 여성이 금융을 책임진다면 | 138쪽

◆ 국가가 시장의 존재를 무시한다면 | 154쪽

경제학자들은 오랫동안 환경문제에 정확한 의견을 제시하지 않았다. 고전파 경제학은 땅과 노동, 돈을 자본의 3요소로 정의했다. 이 세 가지 요인이 결합하면 부를 창출할 수 있다는 주장이다. 하지만 이 정의는 자연의 절대적인 역할을 무시했기 때문에, 현실을 비정상적이고 편협하게 이해하도록 하는 문제점이 있다. 이런 관점에서 원자재는 무無에서 발생해 가격이 매겨진 제품으로 바뀐다. 이 순간 경제학자들은 원자재의 존재를 알아차리지만, 제품은 곧 버려지고 안개처럼 사라지고 만다.

자연의 역할을 무시한 결과, 경제학자들이 인식하지 못한 채 '자연 자본'이 사용되고 오염되는 부작용이 발생한다. 경제학자들은 자연 자본을 새로운 자본 형태라고 생각한다.

페미니스트 경제학자 매릴린 워링은 숲을 예로 들어 설명했다. 숲은 자라는 동안 경제적 가치가 없다. 숲의 경제적 가치는 나무를 베어 이쑤시개를 만들 때 발생한다.

지난 몇 년 동안 생태경제학자와 환경경제학자들이 연구한 덕분에 경제학에서 이런 문제점들이 해결되기 시작했으나, 정책 수립에 반영되기까지 더 많은 시간이 필요한 것으로 보인다. 하지만 경제 이론에 지구를 이론적 모델과 계산 방식으로 포함할 수 있는 여러 가지 방법이 있다. 때때로 일부 경제학자들은 코끼리, 빙하 심지어 달과 같은 다양한 환경적 요인에 가치를 부여하고, 더 나은 설명을 제시한다. 다른 쪽에서 경제학자들은 자연의 가치를 돈으로 설명할 수 없기에 가치를 부여하는 것도 불가능하고, 전혀 다른 방식으로 설명해야 한다고 주장한다. 두 가지 접근법 모두 특징과 단점이 있기에 우리는 더 많은 질문을

할 수밖에 없다.

이 장에서 그 질문들을 생각해볼 것이다. 당장 환경을 오염시킬 때마다 돈을 내야 한다면 어떻게 될까? 땅속에 있는 원유를 사용하지 않으면 어떨까? 모든 사람들에게 개인적인 탄소 배급량이 주어진다면 어떤 일이 발생할까? 당신의 답을 전문가의 답과 비교해보자.

비행기를
타지 않는다면

앤드루 심스 Andrew Simms

오늘날 경제적 여건이 허락되는 사람들은 비행기 타는 것을 대수롭지 않게 생각한다. 온 세상의 비행기가 갑자기 운항을 중단하거나 운항 수를 제한하면 어떻게 될까? 우리는 2010년 비행기가 없는 세상을 살짝 목격한 경험이 있다.

아이슬란드의 화산 에이야프야틀라이외쿠틀Eyjafjallajökull이 폭발했을 때, 기후 환경과 폭발의 영향력으로 비행기에 치명적인 피해를 줄 수 있는 거대한 먼지구름이 북유럽을 뒤덮었다. 며칠 동안 모든 항공기의 운항이 중단됐다. 하지만 사람들은 여러 가지 방법을 동원해 상황을 관리했다. 기업체들은 직원을 파견하는 대신 화상회의로 시간과 돈, 탄소 배출량을 줄였다. 뉴욕에 발이 묶인 노르웨이 총리 옌스 스톨텐베르그Jens Stoltenberg는 아이패드로 정부 현안을 처리했다

고 한다. 여행객들은 기차나 여객선, 장거리 버스를 이용하고, 차를 공유하기도 했다. 이때 소셜 미디어가 같은 목적지로 가는 낯선 사람들은 묶어주는 역할을 했다. 상점들은 지역 공급 업체에서 물건을 공급받았다.

비행기 운항 중단 사태가 장기화되었다면, 샐러드나 꽃과 같이 상하기 쉬운 상품을 수출해서 항공 화물의 의존도가 높은 산업국가들은 큰 어려움을 겪었을 것이다. 이런 산업은 물과 에너지를 많이 소비하기 때문에 지역 경제에 많은 이익을 남기지 못한다. 항공 화물의 손실은 좀더 강력한 경제적 대안을 모색하는 기회가 될 수 있다. 마찬가지로 경제구조상 해외여행객에 의존적인 나라들은 사람들이 집에서 가까운 곳으로 여행을 떠남에 따라 생계를 유지하기 위한 대안을 마련해야 할 것이다.

현재 전 세계에서 여객기 2000여 대가 해마다 2800만 회 운항 계획 아래 3700여 공항으로 비행하고 있다. 하지만 여객기는 선진국 중심으로 운항되며, 미국 항공사들의 여객기 운항은 연간 1100만 회에 달한다. 이런 사실을 고려해보면, 전 세계의 비행기가 운항을 중단한다고 해도 대다수 인구는 직접적인 불편을 겪지 않을 것이다. 장거리 여행은 쉽게 생각할 수 없고 많은 시간이 필요하겠지만, 동경의 대상이 될 것이다.

버려진 공항들은 캘리포니아의 모하비공항 Mojave Air and Space Port 처럼 관광 명소가 될 수 있다. 제한된 원유 수요가 증가함에 따라 비행기 티켓 가격은 천정부지로 치솟을 수밖에 없다. 하지만 항공업이 성장함에 따라 2040년이 되면 영국의 탄소 배출권이 모두 소진될 것으로 추정된다. 지구온난화를 막기 위해서도 항공기의 운항 수를 줄이는 것은 꼭 필요한 일이다. 결국 우리는 비행기에 의존하지 않는 식량, 무역, 운송 시스템을 새롭게 디자인해야 할 것이다.

놀라운 사실

지금 이 순간 비행 중인 사람은 **50**만 명으로 추정된다.

영국 사람들은 연평균 **380**시간을 이동하는 데 사용한다. 당신은 항공기와 같이 빠른 현대적 운송 수단이 이동 시간을 단축했다고 생각할 것이다. 하지만 1972년부터 시행된 영국 '국가 통행 조사 National Travel Survey'는 그때나 지금이나 사람들이 이동하는 데 쓰는 시간이 줄어들지 않았음을 보여준다.

함께 생각하기

◆ 환경을 오염시킬 때마다 돈을 내야 한다면 | 174쪽

◆ 국제무역이 금지된다면 | 246쪽

환경을 오염시킬 때마다 돈을 내야 한다면

앤드루 심스 Andrew Simms

모든 사람이 환경을 오염시킬 때마다 돈을 내야 한다면 우리의 음식과 집, 이동 수단은 매우 달라질 것이다. 에너지를 많이 소비하는 물건은 소유하는 자체가 큰 부담이 될 것이다. 사람들은 특별한 일이 아니면 비행기를 타지 않고, 온라인 통신을 이용하여 동료나 친구, 가족과 연락할 것이다. 대중교통이나 자전거를 이용하고, 걸어서 갈 수 있는 곳으로 휴가를 떠날 것이다. 날마다 자가용을 이용하면 사치스럽게 여겨질 것이다. 단기간 중고차를 빌려 탈 수도 있겠지만, 기차나 전철, 버스 같은 대중교통이 주요 운송 수단으로 자리 잡을 것이다.

지속적인 공급을 통해 우리는 수천 킬로미터를 날아오는 수입 과일과 채소에 익숙해졌는데, 수입이 중단되면서 이전에 먹지 않던 국산 제철 과일과 채소를 다시 먹을 것이다. 그

결과 농촌 경제에 이익이 돌아가고, 농업과 식품 생산 분야에서 일자리가 늘어날 것이다. 모든 사람은 에너지를 의식적으로 사용하고, 집의 단열을 강화하는 등 좀더 효율적인 난방 시스템을 구축하기 위해 노력할 것이다.

내재 에너지가 많은 전자 기기들이 항상 준비되는 문화는 변화할 것이다. 모든 가정에는 게임기, 전화기, TV, 컴퓨터 같은 전자 기기가 즐비한데, 이 모든 기기들의 유용성에 의구심이 생길 것이다. 종종 그 기기들은 계획적 진부화(새로운 제품의 판매를 위해 이전 제품을 의도적으로 진부하게 하는 기업행동―옮긴이)의 결과임에도 향상된 제품으로 소개된다. 우리는 이 많은 제품을 구입하는 대신 다양한 기능을 갖춘 제품 한두 개를 구입할 것이다.

나머지 물건들은 꼭 필요한 경우 지역공동체에서 빌려 쓰거나, 시내 중심가에 있는 전자 기기 대여소를 이용할 것이다. 거의 모든 제품은 수명이 10년 이상으로 늘고, 수리와 재활용이 가능해질 것이다. 환경 친화적인 제품을 선택하면 편하게 사용할 수 있겠지만, 에너지를 낭비하는 제품을 사용하면 비용 부담이 늘어날 것이다.

우리가 지금까지 구매한 모든 물건의 원가를 지불하면서 생긴 습관을 바꾸기는 어려울 것이다. 소비지상주의는 조장된 중독과 같다. 늘 그렇지만 중독된 것을 갑자기 끊기는 어려울 것이다. 오랜 관행으로 기득권을 가진 사람들은 현행 유지를 위해 대대적인 캠페인을 벌일 것이다. 강한 저항이 계속되고, 자유를 침해한다는 불평과 분노의 글이 인터넷에 쏟아질 것이다. 어떤 행위에 환경세를 얼마나 부과할지 뜨거운 논쟁이 벌어질 것이다.

놀라운 사실

유럽환경국European Environmental Bureau에 따르면, 영국 항공 산업의 간접비는 **60**억 파운드에 달한다.

국제에너지기구IEA에 따르면, 화석연료 산업 부문에 투입되는 보조금이 연평균 **5000**억 달러를 웃돈다.

함께 생각하기

◆ 비행기를 타지 않는다면 | 170쪽

◆ 모든 사람에게 탄소 배급량이 있다면 | 198쪽

이자를 받는 것 자체가
불법이라면

기독교 교회 역사에서 처음 1000년 동안, 기독교 교리는 돈을 빌려주고 이자 받는 것을 금지했다. 위대한 이탈리아의 신학자 토마스 아퀴나스Thomas Aquinas는 이자를 받는 것은 물건 값을 두 배로 받는 것과 같다고 말했다. 기독교인이 이자 받는 행위를 고리대금업이라고 규정했지만, 이자 받는 것을 불법으로 만들지는 못했다.

신성로마제국의 초대 황제 샤를마뉴Charlemagne는 8세기에 고리대금업을 범죄행위로 규정했으나, 중세가 끝날 때까지 교회의 가르침에도 이자를 부과하는 은행들 때문에 교황들은 골머리를 앓았다. 1311년 교황 클레멘스Clemens 5세는 고리대금업을 인정하는 모든 법은 무의미하고 공허한 것이라고 선언했다. 1179년 이후 이자를 받다가 붙잡힌 성직자들은 교회에서 파면 당했다.

중세에는 돈을 빌리기 어려웠으나 불가능하지는 않았다. 예를 들어 성지 순례를 떠나기 위해 돈이 필요한 경우, 수도원에서 이자 없이 빌려주었다. 집이나 방어 시설을 확장하기 위해 돈이 필요한 경우, 금융기관에서 빌릴 수 있었다. 당시 금융기관들은 대부분 유대인 공동체가 운영했으며, 유대인이 다른 업종에서 일하는 경우는 드물었다. 그들은 유대교 교리에 따라 외국인에게는 이자를 부과할 수 있었다.

　그 결과 유대인에 대한 소문이 나빠졌다. 1190년대 영국에서 발생한 반유대주의적 폭동에 대한 최근 연구들은 빚을 모면하려던 젊은 귀족들이 폭동을 주도했다는 것을 밝혀냈다. 1190년 요크York에서 폭동이 절정에 이르렀을 때, 폭동을 일으킨 사람들은 요크 대성당의 신도석에서 장작불을 지펴 대출 관련 문서를 모두 태웠다. 반유대주의의 확산은 이자를 불법화하여 생긴 예상 밖의 부산물이다.

　이탈리아와 독일에서도 은행들이 등장하기 시작했는데, 피렌체Firenze의 메디치Medici 가문과 독일의 푸거Fugger 가문이 대표적이다. 이 은행들은 이자를 엄격하게 부과하지는 않았지만, 무이자 대출금이 연체되는 경우 명시된 벌금이나 취급 수수료를 받았다. 16세기 종교개혁을 통해 유럽에서 고리대금업의 개념은 다시 정의되어, 과도한 이자를 받는 행위는 강하게 비판 받았지만 이자를 받는 것 자체는 허용되었다. 그 결과 세상이 변했다.

반면 이슬람교도는 이자를 부과하는 행위를 한결같이 비판했다. 돈이 생물처럼 성장한다는 것 자체가 이치에 맞지 않고, 알라Allah의 율법도 금지했기 때문이다. (고리대금은 아랍어로 '리바riba'라고 하며, '초과' '추가'라는 뜻이다.) 이슬람교도는 여러 가지 실용적인 대안을 만들었는데, 주로 채권자와 채무자가 손실과 이윤을 공유하는 방식이었다. 1975년 이슬람개발은행Islamic Development Bank을 설립한 뒤, 이슬람권의 은행은 경제력이 커짐에 따라 계속 성장했다. 대다수 거대 국제은행들은 현재 이슬람권 부서를 별도로 운영하며, 이슬람권 은행은 세계 금융 산업에서 가장 빠르게 성장하고 있다.

이슬람권 은행의 운영 방식은 서구 은행과 다르다. 그들은 서구 은행과 똑같은 방식으로 대출을 통해서 이윤을 남기지 않는다. 이론상 이슬람권 은행이 빌려주는 대출금은 100퍼센트 은행이 보유한 예금에서 나온 것이다. 실제로 은행을 이렇게 운영하기는 불가능하지만, 이것은 이슬람 세계에서 인플레이션이 거의 발생하지 않는 까닭을 설명해준다. 이자를 부과한다는 것은 미래에 대출금이 추가적인 돈과 함께 돌아온다는 의미고, 이를 통해 가격이 상승하기 때문이다.

그러므로 이 문제의 대답은 다음과 같다. 이자를 부과하는 것 자체가 불법이 된다면, 인플레이션은 감소하고 자금의 안정성은 확보될 것이다. 사람들은 보이지 않게 이자를 받으려 하거나, 법을 피할 수 있는

다른 방법을 찾을 것이다. 하지만 그런 방법은 그 사람들에게 오명을 씌울 뿐이다. 사람들은 어떻게든 돈을 빌릴 것이고, 돈을 빌리기 위해 무언가 지불할 것이다.

모든 마을에 지역 화폐가 있다면

데이비드 보일 David Boyle

　　　　　　최근에 영국 브리스틀 시장은 자신의 급여를 브리스틀에서만 사용할 수 있는 시 화폐로 지불해달라고 요청했다. 모든 사람들이 브리스틀 시장처럼 자신이 사는 지역의 화폐로 급여를 받겠다고 한다면, 거래는 어렵고 거래에 필요한 비용이 증가할 것이다. 계약서를 쓸 때 어떤 화폐를 사용해야 할까? 운송 회사 직원들이 물건을 싣고 마을의 경계를 지날 때마다 지역 화폐로 환전해야 하는 상황에서, 다양한 운송비는 어떻게 지불해야 할까?

　하지만 놀랍게도 국가화폐가 사용된 것은 5세기밖에 되지 않았다. 중세 상인들은 여러 가지 도시 화폐를 사용했는데, 가치 있다고 확신이 드는 화폐는 저축하고, 그렇지 않은 화폐는 최대한 빨리 써버렸다. 1860년대까지 미국에서는 크고 작은 은행이 고유의 은행권을 발행했기 때문에,

모든 상점에는 '위조지폐 탐지기'로 알려진 거대한 책이 계산대 옆에 비치되었다.

지역 화폐는 사용하기 매우 복잡하다. 반면 단일 화폐는 사용이 편리하지만, 한 국가에서도 모든 것의 가치를 잘 대변하지 못한다는 단점이 있다. 단일 화폐는 그 화폐를 발행하는 은행의 필요에 초점을 맞추기 때문에, 다른 나라와 도시에는 적합하지 않을 수 있다. 이자율이 높아 다른 나라와 도시들이 그 화폐를 거래하는 것이 사실상 어렵기 때문이다. 이런 이유로 유로화가 남유럽에 경제적 문제를 일으킨 것이다.

모든 국가가 '최적 통화 지역optimal currency area'이 될 수 없기에 국제 화폐, 국가화폐, 지역 화폐를 날마다 필요에 따라 혼용하는 것도 도움이 될 수 있다. 모든 마을이 지역 화폐를 사용한다면 환전소는 눈에 띄게 증가할 것이다. 당신이 버는 다양한 화폐를 아무리 잘 관리한다고 해도 환전이 필요할 것이다. 그리고 환전업 자체가 위험부담이 크기 때문에, 환전소는 수익성이 높은 업종으로 평가될 것이다.

장기적으로 보면 지역마다 지역 화폐를 사용하는 세상에서는 전자 지갑이 필수품이 될 것이다. 전자 지갑은 수많은 화폐를 동시에 수집하고 환전하는 기능을 제공하고, 어떤 화폐를 빨리 써야 하고 어떤 화폐를 저축해야 하는지 알려줄 것이다. 전자 지갑을 사용하는 것은 복잡하고, 컴퓨터가 없이는 불가능하다. 하지만 누가 알겠는가? 휴대전화를 전자 지갑처럼 사용할지도 모른다.

놀라운 사실

화폐리소스센터 홈페이지(www.complementarycurrency.org)에는 **244**개 지역 화폐가 등재되었다.

2012년 국제통화 간 1일 외환 거래량은 **4**조 달러다.

함께 생각하기

◆ 돈이라는 게 없다면 | 34쪽

◆ 은행이 없다면 | 218쪽

공정 무역 바나나만
구매할 수 있다면

팀 루닉 Tim Leunig

바나나를 재배하지 않는 나라에서도 바나나 값은 매우 싸다. 바나나는 일반적으로 사과나 포도보다 싸고, 실제로 값싼 과일 중 하나다. 보통 초콜릿보다 싸다. 공정 무역 바나나는 일반 바나나보다 약간 비싼 값에 판매된다. 우리가 공정 무역 바나나만 먹는다고 해도 바나나 값은 약간 상승하겠지만, 사람들은 알아채지 못할 것이다. 사람들이 소비하는 바나나 양은 변하지 않을 것이다.

하지만 사람들이 간헐적으로 돈을 쓰기 때문에, 어느 지역에서 어떤 사람은 재정적인 어려움을 겪을 수도 있다. 바나나를 사 먹는 데 돈을 더 쓰면, 월말에 여유 자금이 줄어들 것이다. 결국 다른 무언가를 포기해야 한다. 몇몇 사람들은 이 사실을 깨닫고 바나나 소비를 줄이는 대신 사과나 초콜릿을 더 사 먹는다. 위험한 것은 이런 현상이 지나

치게 확대되면, 바나나를 재배하는 가난한 나라들의 수입이 줄어든다는 점이다.

개발도상국에 사는 사람들이 가격 상승에 민감한데, 이들은 돈이 많지 않기 때문에 가격을 의식할 수밖에 없다. 이들은 바나나 소비를 줄이고, 주식인 쌀을 더 많이 소비할 것이다. 그 결과 이들이 먹는 식단의 질이 떨어진다. 바나나는 싸고 가격 변동이 심하지 않기 때문에 바나나 농부들의 수익은 증가한다. 바나나 가격 상승으로 농부들이 얻은 이익은 개발도상국의 바나나 소비 감소에 대한 보상이 될 것이다.

그러나 모든 바나나 농부들의 수익이 증가하는 것은 아니다. 자신이 공정 무역을 한다는 것을 증명하는 행정 기준을 충족하지 못하는 바나나 재배 농부들도 있을 것이다. 보통 이들이 가장 가난한 농부인데, 이들은 글을 읽지 못하거나 꼭 필요한 행정 절차를 다루는 능력이 부족한 경우가 태반이다.

진짜
그렇다면?

공정 무역이 늘어날 경우 농부들에게 문제가 될 수 있다. 공정 무역이 늘어나면 바나나 농업은 수익성이 좋아지고, 더 많은 사람들이 그 이익을 챙기기 위해서 바나나 농업에 뛰어들 것이다. 결국 바나나 공급은 수요를 넘어서고, 팔지 못하는 바나나가 생길 것이다. 물건을 원하는 사람이 없다면 공정 무역 자체가 불가능하다.

놀라운 사실

영국에서 팔리는 바나나 가운데 **25**퍼센트는 공정 무역 상품이다.

해마다 전 세계에서 목화 **2500**만 톤이 재배된다.

공정 무역 목화는 전체 목화 시장의 **11**퍼센트를 차지한다.

함께 생각하기

◆ 우리가 생산할 수 없는 것들만 수입한다면 | 142쪽

◆ 국제무역이 금지된다면 | 246쪽

모든 사람에게
음식이 충분하다면

앤드루 심스 Andrew Simms

모든 사람들이 먹을 음식이 충분하다면 놀라운 일이 일어난다. 가난 때문에 유아사망률이 높은 곳에서는 대가족을 꾸리는 것이 일종의 보험처럼 여겨진다. 배고픈 문제를 해결하면 인구 성장의 가장 큰 걸림돌이 없어진다. 이와 같이 자원에 대한 경쟁이 감소하면 갈등 또한 줄어들 것이다.

그런데 현재 모든 사람들이 충분한 음식을 먹고 있을까? 지금 8억~9억 명에 달하는 사람들이 영양실조에 시달리는 것으로 보고되었다. 그런데 지구상에는 모든 인구가 먹고 남을 음식이 존재한다. 사람들은 불평등과 전쟁, 가난 때문에 배고픔을 경험하고 있다. 가장 도움이 필요한 영세 농민과 가난한 사람들, 소외 계층에 정부의 원조가 부족한 실정이다. 분배의 불균형, 바이오 연료와 가축용

사료를 위한 작물 재배도 기아 문제의 원인이다. 돈, 씨앗, 땅처럼 음식을 보장하는 힘과 자원이 있고, 굶주린 사람들의 필요를 보장할 식품 체계를 지원하면 모든 사람들이 충분한 음식을 먹을 수 있다.

지구 기온이 상승하면서 일부 국가에서는 작물 재배가 어려워지고 있다. 집약적이고 산업적인 농업은 토지를 황폐하게 할 뿐만 아니라, 비료를 만들고 대형 농기구를 사용하고 수출할 작물을 운송할 때 환경오염 문제를 유발하는 값비싼 화석연료에 지나치게 의존한다. 2008년 이상기후 현상으로 농작물은 극심한 피해를 당했고, 높은 연료 가격은 식품 가격의 상승을 부추겼다.

UN은 세계적으로 식량 부족을 겪는 사람들이 7500만 명 늘어난 것으로 추정한다. 에너지 가격 상승으로 인간 소비보다 바이오 연료에 사용할 목적으로 재배하는 작물의 수익성이 좋아지고 있다. 육식 위주 식단을 위한 농업은 더 많은 에너지와 물, 토지가 필요하기 때문에, 모든 사람이 충분한 음식을 먹게 하는 데 걸림돌이 된다. 장기적으로 세계적인 기아를 막기 위해서는 자원과 육류가 적은 식단을 좀더 공평하게 분배하고, 좀더 생태적인 농업 방식을 택해야 한다.

환경 친화적 농업기술 개발을 위한 연구비 지원이 부족한 실정이다. UN 식량농업기구FAO의 조사에 따르면 열악한 상황에도 농지를 비옥하게 하고, 토양침식을 줄이며, 영양분을 풍부하게 하는 환경 친화적 농업기술을 통해 농업 생산량은 60~195퍼센트 증가할 수 있다. 환경 친화적 농업기술을 사용하면 인구가 증가해도 모든 사람에게 충분한 음식을 제공할 수 있다는 뜻이다.

 놀라운
사실

1990년대 미국에서 가축 사료로 사용된 곡물은 **8**억 명이 먹을 수 있는 양이다. 이것은 미국 코넬대학교Cornell University 생태학과 데이비드 피멘텔David Pimentel 교수가 계산한 수치다.

FAO에 따르면 현재 지구상의 가축 수가 600억 마리인데, 2050년에는 그 두 배인 **1200**억 마리가 될 것으로 예상된다.

 함께
생각하기

◆ 환경을 오염시킬 때마다 돈을 내야 한다면 | 174쪽

◆ 모든 사람에게 탄소 배급량이 있다면 | 198쪽

경제의 목적이
행복이라면

앤드루 심스 Andrew Simms

전통적 경제 이론은 우리가 많이 소비할수록 잘 산다고 주장한다. 하지만 더 많은 소비가 인간의 행복추구에 도움이 되는 것은 물질적인 필요가 충족된 경우다. 북미와 유럽에서 지난 수십 년 동안 삶의 만족도는 경제성장 속도를 따라가지 못했다. 소비량이 적은 사람들도 지칠 때까지 쇼핑하는 사람들과 마찬가지로 행복할 수 있다.

다양한 국적과 문화, 남자와 여자, 연령과 배경에 대해 광범위하게 연구한 결과, 돈이나 외모, 사회적 지위를 중요하게 여기는 사람들이 그렇지 않은 사람들보다 행복하지 않은 것으로 나타났다. 물질만능주의는 인간에게 매우 좋지 않은 영향을 주는 것 같다. 인간의 행복을 주목표로 삼는 경제는 삶의 만족감을 강화하는 다섯 가지 요인을 최대화해야 한다.

첫째, 인간관계다. 셀프 계산대나 자동 응답 서비스ARS 는 실제 인간관계로 대체되어야 한다. 둘째, 육체적 활동이다. 도시는 도보와 자전거 운동에 적절한 방식으로 디자인되어야 한다. 셋째, 열린 마음과 관심, 호기심으로 세상에 관심을 기울여야 한다. 현실 세계를 드러내고, 공공 미술이나 다른 창작물을 위한 공간을 마련하려면 우후죽순으로 급증하는 광고는 재고되어야 한다. 넷째, 학습 또한 행복에 중요한 요소다. 사람들은 기능 인력 양성 과정과 평생 학습에 더 많은 관심을 쏟아야 한다. 다섯째, 우리는 나눔을 통해 행복해질 수 있다. 그러므로 학교나 공공 의료 시설에서 자원봉사를 하거나, 여행할 때 필요한 물건을 친구나 이웃들과 공유하기를 일상화하면 좋을 것이다. 자동차나 도구로 시작해 각자의 기술까지 모든 것을 공유하는 새로운 방식은 지금도 계속 확산되며, 사람들은 '협력적 소비'에 대한 토론을 이어가고 있다.

세계 각국의 정부는 인간의 행복 지수 변화에 대한 여러 가지 정보를 지속적으로 수집한다. 그다음 단계로 어떤 정책이 인간의 행복을 향상할 수 있는지 판단하기 위해 그 정보를 사용해야 한다. 우리는 어쩌면 노동시간을 줄이는 용기 있는 결단을 해야 할 것이다. 이런 결단력 있는 행동이 주는 행복을 목격한 주변국들이 비슷한 정책을 도입하고, 돈을 가장 중요하게 생각하는 사람들의 마음도 바뀔 것이다.

 놀라운
사실

지구 최고의 국가는 어디인가? **코스타리카**는 2012년 국가별 행복 지수Happy Planet Index에서 1위에 올랐다. 국가별 행복 지수는 한 국가가 자원을 절약하고, 환경을 보존하면서 얼마나 오래 행복하게 사는지 측정하는 지수다.

노르웨이는 2012년 국가별 행복 지수에서 서유럽 국가 중 1위를 차지했다. 전 세계적으로는 29위에 올랐다.

미국은 2012년 국가별 행복 지수에서 151개 국가 중 105위를 차지했다.

 함께
생각하기

◆ 일주일에 사흘만 일한다면
| 58쪽

모든 사람에게
탄소 배급량이 있다면

앤드루 심스 Andrew Simms

당신은 비행기를 타고 스페인으로 가서 짧은 휴가를 즐길지, 아니면 차를 타고 여행할지 선택해야 한다. 탄소 배급제가 도입되었기 때문에 두 가지 모두 선택할 수는 없다. 이제 사회는 가격뿐만 아니라 자연환경에 미치는 파급력으로도 당신의 소비를 제한한다.

냉정한 이야기처럼 들리겠지만, 탄소 배급제는 실제로 우리에게 많은 이익을 줄 것이다. 일반적으로 부자들은 넓은 집에 살고 큰 차를 여러 대 사용하며, 해외여행을 자주 하기 때문에 보통 사람보다 탄소 배출량이 훨씬 많다. 기후변화를 억제하기 위한 탄소 배급제는 경쟁적이고 과시적인 소비를 부추기는 사회적 압력을 해소하는 결과를 가져올 것이다. 마찬가지로 더 공평한 사회는 더 나은 건강과 교육, 낮은 범죄율 등 다양한 이익을 가져올 것이다.

탄소 배출량을 의식함으로써 우리의 선택권은 좁아지고, 결국 우리는 행복을 위해 무엇을 해야 할지 좀더 쉽게 결정할 수 있다. 탄소 배출량이 적은 선택을 한다는 것은 지역적 상품과 서비스, 오락거리가 매력적인 선택이 된다는 의미다. 그 결과 지역 경제는 다시 활성화될 것이다. 재배할 때 화석연료 의존도가 낮은 유기농 농산물 가격은 하락할 것이고, 육류를 줄인 식단을 준비하는 데 필요한 비용도 줄어들 것이다. 석유, 석탄, 천연가스에 투자하던 사람들도 재생 가능한 에너지 기술로 눈을 돌릴 것이다.

대중교통 비용이 하락하면서 기차나 전철, 버스나 자전거를 타고 여행하는 사람들이 늘어날 것이다. 탄소 배출량이 감소하면서 공기의 질은 상당히 좋아지고, 사람들은 더 건강하고 행복하게 살 것이다. 과도한 의료비 지출이 감소하고, 어린이들의 천식도 많이 좋아질 것이다. 새로운 자동차에 대한 수요를 예측하고, 자동차 도로를 만드는 것이 좋은 일이라고 생각한 시절이 있었다. 정부는 이런 행위를 예측과 대비라고 설명했다. 탄소 배급제를 통해서 모든 사람의 필요를 채우는 동시에, 지구의 잔류 한계 허용량(사람이나 가축에게 해를 미치지 않을 정도의 한계 허용량—옮긴이) 문제도 잘 대처할 수 있을 것이다.

탄소 배급제 도입은 전통적인 경제성장을 가로막을 것이다. 결국 우리는 실업에 대한 두려움, 건강과 교육, 노후에 대한 불안감에 시달릴 것이다. 환경 친화적 노동 분야에서 늘어나는 일자리가 이 문제를 해결해줄 것이다. 좀더 평등한 사회가 되면서 사회적 비용은 감소하겠지만, 학교와 건강관리 부문에서는 상부상조의 새로운 모델이 필요할 것이다. 모든 사람들이 자신에게 주어진 역할을 감당하면서 가격이 하락하고 사회적 봉사에 대한 의무도 감소하지만, 효율성은 증대될 것이다.

놀라운 사실

태평양에 위치한 **노픽**Norfolk **섬**은 전 세계에서 가장 먼저 탄소 배급제를 실험했다.

2006년 전 세계적으로 거래된 탄소 배출권의 가치는 **55**억 달러에 이른다.

2008년 여객기 운항으로 발생한 탄소 배출량을 보상하기 위해 일부 국가들이 자발적으로 사들인 탄소 상쇄권의 가치는 **7**억 **500**만 달러에 이른다.

함께 생각하기

◆ 환경을 오염시킬 때마다 돈을 내야 한다면 | 174쪽

석유와 석탄을
사용하지 않는다면

앤드루 심스 Andrew Simms

사람들은 석유를 '검은 금', 석탄을 '병에 담은 햇살'이라 부른다. 화석연료 사업의 새로운 황금기는 21세기 초에 도래했다고 보는 견해가 있는데, 이는 이판암이나 역청암과 같이 채굴하기 어려운 암석에 파묻혀 접근조차 불가능하던 석유와 석탄이 새로운 기술을 통해 생산이 가능해졌기 때문이다. 그런데 석유와 석탄을 사용하지 않고 그대로 땅에 두면 어떨까?

2009년 포츠담연구소Potsdam Institute에서 독일 과학자 말트 마인스하우젠Malte Meinshausen은 앞으로 얼마나 많은 화석연료를 안전하게 사용할 수 있을지 연구했다. 화석연료를 지나치게 많이 사용하면 인간이 기후변화를 통제할 수 없는 수준까지 지구온난화가 가속화될 가능성이 크다. 이런 일이 발생하는 것을 막기 위해 우리는 지금까지 확인된 화

석연료 중 5분의 1만 사용하는 방법을 선택할 수 있다.

화석연료 사용에 중독된 지구촌은 화석연료 소비를 급격히 줄어야 한다는 사실에 충격에 빠질 것이다. 이 충격을 인간이 감당할 수 있을까? 현재 우리가 의존하는 화석연료는 대체 가능하다. 미국 과학자 마크 제이콥슨Mark Jacobson과 마크 델루치Mark Delucchi는 인간의 에너지 수요를 풍력이나 수력, 태양력과 같이 깨끗하고 재생 가능한 에너지로 100퍼센트 공급할 계획을 수립했는데, 우리는 그런 계획을 따르게 될 것이다.

제이콥슨과 델루치는 이런 변화에 20년이 필요할 것으로 예측했고, 대형 풍력발전기(풍력 에너지는 원자력 에너지보다 탄소 효율성이 25퍼센트 높다) 380만 개와 태양력 발전소 9만 개, 지열발전소와 조력발전소, 옥상 태양광 발전기가 필요할 것이라고 주장했다. 이 계획에서 재생 불가능한 에너지원을 사용하는 원자력발전소와 아직 효용성이 검증되지 않은 무탄소 화력발전소는 배제되었다. 하지만 더 많은 것들이 변할 것이다. 바이오 연료를 비행기에 사용할 수 없기 때문에, 비행기 운항 수도 줄여야 할 것이다.

우리가 음식을 먹고, 여행을 하고, 전기를 생산하는 방법은 모두 변할 것이다. 유기농 음식을 더 많이 먹고, 합성 화합물이 첨가된 음식 섭취를 줄일 것이다. 전기를 사용한 운송 수단이 증가하고, 전철이나 기차와 같은 대중교통이 더 많이 개통될 것이다. 대중교통 주변으로 활기찬 상권이 들어설 것이다. 사람들은 가치 있고 오래 쓸 수 있는 물건을 선호하고, 일회용품 사용은 급격히 줄어들 것이다.

놀라운 사실

함께 생각하기

탄자니아 국민이 1년 동안 만들어내는 탄소량을 미국인은 **하루**에 만들어낼 수 있다. 미국인은 새해 자정부터 1월 2일 오전이면 그 양을 채울 수 있고, 영국인은 1월 4일 저녁이면 그 정도 탄소를 만들어낼 수 있다.

피크 오일(석유 생산량이 기하급수적으로 증가했다가 특정 시점을 기준으로 점점 줄어드는 현상―옮긴이) 이론가 콜린 캠벨Colin Campbell은 현재 전 세계가 사용하는 화석연료를 대체하기 위해서는 밤낮없이 일하는 노예 **220억** 명이 필요하다고 주장했다.

◆ 비행기를 타지 않는다면 | 170쪽

금융

영국 경제학자 존 케인스는 『고용, 이자, 화폐의 일반 이론General Theory of Employment, Interest and Money』에서 다음과 같이 썼다. "투기꾼들이 경제에 거품 현상을 만들어 기업에게 해를 끼칠 가능성은 매우 낮다. 하지만 투기의 소용돌이에서 기업의 거품 현상이 심해지면 투기꾼들의 영향력이 막강해진다. 한 국가의 자본 개발이 투기 행위의 결과물로 전락하면 자본 개발은 제대로 진행되지 않을 것이다."

케인스는 1929년 대공황의 단초가 된 월 스트리트 대폭락이 발생하고 7년이 지나서 이 책을 썼다. 대공황은 당시 성공한 투기꾼이던 그에게도 큰 충격이었다. 케인스의 책이 나온 뒤 거의 80년 동안 과중되는 투기 현상은 상품과 서비스의 실물경제를 위축시켰고, 금융업은 업계 밖에서 잘 이해할 수 없는 그들만의 세상을 만들었다. 금융업은 깊이 관련된 사람들에게 다른 분야에서는 상상할 수 없는 보상을 해주며 세계경제에서 가장 중요한 위치를 차지했다. 세계경제에 대한 이론을 제공하는 심리학, 물리학, 고급 수학 같은 학문들은 그 중요성에서 금융업에 밀려났다.

현대의 금융은 이상하고 새로운 창조물이다. 어떤 사람들은 은행장이 책상에 앉아 대출 요구서를 일일이 들여다보는 모습이나 수익성이 가장 높은 곳에 자본을 투자하는 금융 제도의 한물간 모습을 상상할지도 모르겠다. 이런 사람들에게 현재 미국 전역에 있는 금융 컴퓨터에서 초당 1만 건이나 되는 속도로 주식이 거래된다는 사실을 이야기해주면 약간 충격 받을 것이다.

헨리 포드는 대다수 사람들이 금융 제도의 원리를 잘 이

해하지 못하는 것은 좋은 일이라며 그 까닭을 말했다. "그들이 이 원리를 이해한다면, 나는 내일 아침이 오기 전에 혁명이 일어날 것이라고 확신한다." 그렇다면 이 문제에 대해 질문을 던지는 것은 좋은 생각이 아닐지도 모른다. 현재 상태가 매우 불안해서 몇 가지 질문만 해도 금융이 붕괴할 수 있기 때문이다. 어쨌든 이번 장에서는 위험을 감수하고 적절한 질문을 해보고자 한다. 과거처럼 화폐를 금과 연계시키면 어떨까? 은행을 모두 폐지하면 어떻게 될까? 자동차 생산이 금융거래만큼 빨라진다면 어떨까? 이 질문들은 모두 중요하고, 그 대답은 놀라울 것이다.

자동차 생산이
금융거래만큼
빨라진다면

토니 그린햄 Tony Greenham

2010년 전 세계 자동차 생산량은 15년 전보다 55퍼센트 상승했다. 같은 기간 전 세계 에너지 소비는 40퍼센트 증가했고, 종합소득은 50퍼센트 이상 증가했다. 하지만 이런 성장은 1995년 이후 세계 금융거래의 확대와 견주어보면 미미하다. 외국환시장의 연간 거래 총액은 3.3배 이상 증가했고, 파생 금융 상품 거래의 총 가치는 30배 이상 상승해 464조 달러에 이르렀다. 파생 금융 상품의 일종인 신용부도스와프Credit Default Swap, CDS의 거래량은 2000년 0달러에서 2007년 62조 달러로 상승했다.

거래 가치에 비해 금융 상품을 사고파는 일은 그리 어렵지 않다. 디지털 기술은 우리가 즐길 수 있는 서비스 상품의 수도 늘렸는데, 이 서비스에는 실제적인 질량이 없다. 이제 음악을 듣기 위해 레코드판을 만들 필요가 없고, 극장

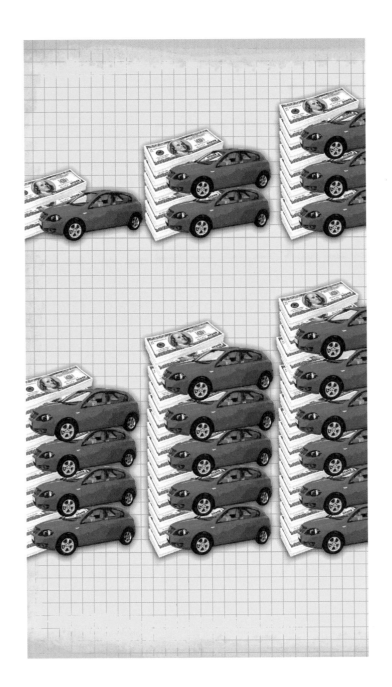

이나 갤러리에는 상품이 아니라 경험을 구매하러 간다.

이론적으로 경제는 지금보다 적은 천연자원을 사용해도 성장할 수 있다. 하지만 에너지를 효율적으로 사용하는 방법을 발견할수록 인간이 에너지를 많이 소비한다는 것을 경험적으로 알기 때문에, 어떤 경제학자들은 에너지 소비를 어느 정도까지 줄이는 것이 가능할지 의문을 품고 있다. 또 경제학자들은 금융거래가 실제 세계와 완전히 단절될 수 있는지 질문한다.

영국 경제학자 프레더릭 소디Frederick Soddy는 두 양돈 농가를 비교했다. 한 양돈 농가는 살아 있는 돼지를 키워서 먹이고, 재우고, 오물을 치워줘야 했다. 농가의 돼지들이 성장하는 데는 자연적인 한계도 존재했다. 반면 다른 양돈 농가는 실재하지 않는 '가상 돼지'를 키웠는데, 그 돼지들은 제한 없이 교배할 수 있었다. 소디는 가상 돼지를 실제로 먹을 수 없기 때문에, 가상 돼지 가격이 폭락할 것이라고 예상했다.

자동차 생산이 외국환거래 성장 속도만큼 빨라진다면, 해마다 자동차 1억 6500만 대를 생산할 수 있을 것이다. 자동차 생산이 파생 금융 상품 시장의 성장 속도를 따라잡는다면, 해마다 자동차 15억 대를 만들어낼 수 있을 것이다. 물론 금융 상품 거래와 달리 물리적 상품 생산은 기술과 천연자원이 뒷받침되어야 빨리 성장할 수 있다.

놀라운 사실

2011년 전 세계적으로 자동차 **8000**만 대가 생산되었다.

2011년 전 세계 수출 가치는 **18조 2000**억 달러에 달한다.

2011년 외국환거래와 장외 파생 금융 상품 거래의 합산 총액은 **2226조 5000**억 달러에 달한다.

함께 생각하기

◆ 은행이 없다면 | 218쪽

◆ 은행들이 다시 망한다면 | 226쪽

돈이 국경을 넘는 데
여권이 필요하다면

앤드루 심스 Andrew Simms

1979년 자본 통제 완화와 1990년대의 규제 완화 정책을 통해, 일명 '시장 교정'(자유무역에 대한 장벽이 사라진 뒤 명목 가격이 급격히 변하는 현상—옮긴이)이 걷잡을 수 없이 발생했다. 그 후 모든 경제 위기는 역사상 최악의 경제 위기로 여겨졌다.

그런데 돈이 국경을 넘을 때, 인간이 국경을 넘을 때와 같이 확인 절차를 거치게 하면 어떨까? 다시 말해 돈이 여권을 소지하게 해서 인간과 같은 방식으로 한 국가에 체류하도록 만들자는 것이다. 인간과 마찬가지로 돈의 여행 목적이 무엇이고, 여행 기간은 얼마나 되며, 돈이 들여오고 가져가는 품목을 확인하자는 이야기다.

자본 통제는 무분별한 자본 유출과 유입을 규제하는 제도다. 대한민국과 칠레, 말레이시아 같은 나라는 위기 상

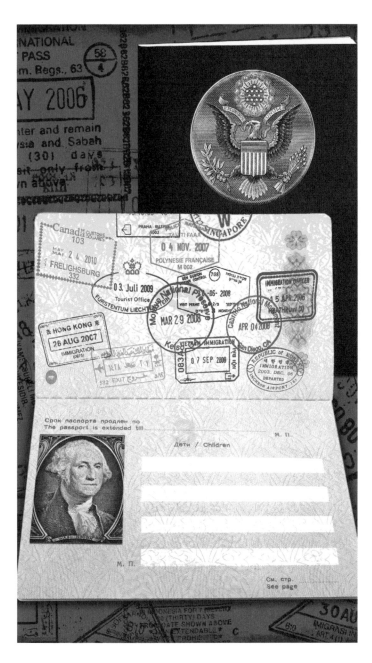

황에서 심각한 경제적 피해를 줄이기 위해 자본 통제 정책을 사용했다. 우리가 목격했듯이 자본 통제 결과 투기 활동은 억제되었고, 은행의 역할은 급변했다.

런던에서 자본 통제를 도입한다면 경제는 좀더 균형 잡히고, 부동산 시장의 과열 현상이 줄어들 것이다. 금융 투자자들의 현금 구매력으로 오랫동안 왜곡된 집값은 합리적인 가격을 되찾을 것이다. 낮은 임금을 받으며 사회에 꼭 필요한 일을 하는 환경미화원과 간호사, 판매 직원들은 직장에서 가까운 곳에 살 수 있을 것이다. 정책 입안자들은 거대 금융 투자자들에 좌지우지되는 시장의 판단에 대한 걱정을 덜 것이다. 많은 이익이나 거품을 유발해 경제를 나락으로 떨어뜨리는, 높은 투자위험을 감수하는 투자 행태도 사라질 것이다. 결국 투자자들은 풍력발전소나 에너지 고효율 주택과 같이 장기간에 걸쳐 적정한 이윤을 얻을 수 있는 투자처로 눈을 돌릴 것이다.

통제되지 않는 거대 자본에 의존하던 일부 경제 분야는 큰 타격을 받을 것이다. 금융권 주변에서 영업하던 많은 식당과 서비스업 매장은 문 닫을 것이다. 부동산 중개업자의 소득은 줄어들 것이고, 슈퍼카와 요트 시장은 주저앉을 것이다. 지하 시장을 통해 불법적으로 돈을 유통하는 소규모 집단이 생기고, 그 존재는 새로운 상황에 대한 위협으로 많은 논쟁을 불러일으킬 것이다.

놀라운 사실

앞으로 1년 동안 투자가 현 상태로 유지된다면, 칠레중앙은행은 상환을 위해 최소한 예금의 **20**퍼센트를 보유해야 한다.

2011년 터키중앙은행이 이자율을 낮추자마자 터키 경제에서 단기 자금 **80**억 달러가 빠져나갔다.

함께 생각하기

◆ 세계 단일 통화를 만든다면 | 46쪽

◆ 국가가 시장의 존재를 무시한다면 | 154쪽

은행이
없다면

토니 그린햄 Tony Greenham

은행은 현대 경제에서 중요한 역할을 감
당한다. 은행은 전자 이체와 신용카드, 수표와 현금 자동
입출금기ATM 같은 서비스를 운용해 우리가 안전하고 편안
하게 거래할 수 있도록 도와준다. 은행은 우리에게 저축의
수단을 제공하고, 기업 활동 자금이나 주택 구입 자금, 개
인적 소비 자금을 대출 형태로 지원한다. 은행은 부분 지
급 준비금 제도fractional reserve banking를 통해서 만들어낸 새로
운 거래량에 따라 경제에 존재하는 돈의 총액을 부풀리기
도 하고 줄이기도 한다.

은행이 이런 기능을 감당하는 것은 여러 가지 면에서 효
율적이다. 은행은 정보를 수집해서 개인보다 효과적으로
최고 투자처를 선택하는 전문성을 개발했다. 은행은 예금
형태로 돈을 확보해서 개인들이 상당한 자금을 손해 볼 위

험성을 줄여준다. 그러므로 은행이 없다면 우리는 이 모든 일을 대신할 방법을 찾아야 한다.

그것이 가능할까? 새로운 기술을 통해 새로운 지불 방식이 만들어지고 있다. 예컨대 케냐의 무선통신 업체 사파리콤은 사람들이 문자메시지 전송 서비스sms로 돈을 지불하고, 휴대전화 계좌에 돈을 저장할 수 있는 엠페사M-PESA 서비스를 제공한다. 시간 은행Time Banks과 지역 직거래 센터, 물물교환 센터를 통해서도 은행 없이 거래할 수 있다.

하지만 이것들은 보조적인 수단일 뿐, 은행의 기능을 대신할 수 없다. 사람들은 개인 간 파일 공유P2P 서비스를 통해서 은행을 거치지 않고 파일을 주고받는다. 하지만 P2P 서비스도 사용자가 가입하기 전에 (파일을 통한) 상환 능력이 있는지 확인해서 종전 가입자들의 예금 잔고(파일 용량)를 늘리도록 유도한다. 이는 위험을 분산하려는 목적인데, 은행의 방식과 별다르지 않다.

끝으로 부분 지급 준비금 제도 없이 새로운 돈을 만들 수 있는 대안이 존재한다. 정부와 중앙은행이 돈을 만들어 직접 경제에 유통시키는 것이다. 우리는 이론적으로 보면 은행 없이도 업무를 처리할 수 있겠지만, 결국 은행을 대신할 또 다른 방법을 찾을 것이다.

과거에 돈과 은행을 규제하면 사람들은 그 규제를 피하기 위해 새로운 교환과 저축, 투자 방식을 찾는다는 것이 발견됐다. 최근에는 '그림자 금융 shadow banking'이라는 비공식적 거대 금융업까지 등장했다. 투자 기금과 에너지 기업을 비롯한 거의 모든 단체들도 은행과 비슷한 역할을 한다. 그러므로 언젠가 오늘날과 같은 은행들은 쓸모없어지겠지만, 은행의 기능 자체는 없어지지 않을 것이다.

놀라운 사실

현존하는 가장 오래된 은행 '몬테 데이 파시 디 시에나Monte dei Paschi di Siena'는 **1472**년에 설립되었다.

세계 1000대 은행의 자산 규모는 **101**조 **6000**억 달러에 달한다.

전 세계 그림자 금융의 규모는 **60**조 달러로 추정된다.

함께 생각하기

- 돈이라는 게 없다면 | 34쪽

- 모든 마을에 지역 화폐가 있다면 | 182쪽

모든 돈이
금과 연계된다면

『오즈의 마법사The Wonderful Wizard of Oz』 마지막 장면에서 마법사가 사기꾼이라는 사실을 도로시의 강아지가 밝혀냈을 때, 허수아비가 마법사에게 말했다. "정말로, 당신은 당신이 그런 사기꾼이라는 사실을 부끄러워해야 해요!" 이는 돈을 금에 연계시키는 것에 대한 암호화된 비판이다. 프랭크 바움Frank Baum은 중앙은행과 금에 집착하는 사람들을 겨냥해 비판적인 소설을 썼다. 그리고 온스oz는 금을 측정하는 단위 아닌가!

『오즈의 마법사』는 1900년 처음 출간되었다. 전 세계는 1차 세계대전이 발생하기 직전까지 금본위제도를 시행해 모든 돈은 금의 가치와 연계되었다. 세계 모든 화폐의 가치는 고정된 금의 가치에 따라 정해졌고, 국가의 금 보유량을 나타내는 중앙은행 금고 속의 금괴는 은행 창구에서

결산을 위해 거래되었다.

모든 은행권은 필요에 따라 금과 은을 제공하겠다는 약속으로 여겨졌기에, 당시 경제의 불확실성과 인플레이션은 매우 낮았다. 하지만 문제점도 있었다. 금본위제도는 매우 경직되었고, 돈을 빌리는 사람보다 빌려주는 사람을 우대할 수밖에 없는 제도다.

대다수 국가들은 1차 세계대전이 발발했을 때 금본위제도에서 이탈할 수밖에 없었다. 당시 국가들은 보유한 금의 양보다 많은 돈을 빌리고 발행해야 했기 때문이다. 하지만 국가들이 금본위제도로 돌아가려고 했을 때, 그들은 예상보다 큰 어려움에 맞닥뜨렸다. 1925년 영국 재무부 장관 윈스턴 처칠Winston Leonard Spencer Churchill은 영국 파운드를 다시 금과 연계시키려고 하면서, 항구에 연결된 배들이 조류의 흐름에 따라 오르락내리락하듯 세계화폐들이 함께 움직이는 낭만적인 그림을 그렸다. 하지만 이런 희망과 정반대로 곧 재난이 찾아왔다. 영국 행정부는 자국의 가치를 과대평가해 파운드의 가치를 높게 고정했다. 그 결과 영국 상품의 가격이 지나치게 올랐고, 공장들은 문을 닫았다.

1931년 파운드의 매도가 쇄도하면서 영국 파운드는 금본위제도에서 이탈한다. (이와 대조적으로 미국 달러는 이론적으로 1971년까지 금본위제도를 유지했다.) 하지만 중앙은행 총

재들은 금본위제도로 돌아가길 원했는데, 특히 잉글랜드 은행 총재 몬태규 노먼Montaqu Norman은 강력하게 회귀를 주장했다. 노먼을 치료한 스위스의 위대한 심리학자 카를 구스타프 융Carl Gustav Jung은 그가 제정신이 아니라고 생각했다. 1929년 위장을 하고 미국으로 간 노먼은 미국 재무부 관료들과 비밀회의에서 만나 통화 충격을 통해 금본위제도로 회귀할 것을 제안했다는 일화가 있다. 그 결과 대공황이 발생했다.

돈과 금을 연계시키는 문제는 미국에서 더 격렬하게 토론되었다. 미국에서는 금과 은 중 어떤 금속과 돈을 연계시킬지, 이른바 복본위제에 대한 논쟁이 19세기 말 정치권을 휩쓸었다. 1896년 미국 민주당 전당대회에서 훌륭한 정치 연설가 윌리엄 제닝스 브라이언William Jennings Bryan은 금에 관련된 연설을 했다. 브라이언은 연설의 절정에서 두 팔을 머리 위로 올렸다가 내리면서 십자가 모양을 만들어 말했다. "가시관을 노동자들의 머리에 씌우면 안 됩니다. 인간을 금 십자가에 매달아서도 안 됩니다."

우리가 지금 금본위제도로 돌아갈 가능성은 매우 적지만, 그럴 경우 어떤 일이 생길지 생각해볼 수 있다. 인플레이션은 감소하겠지만, 가난한 사람들이 더 많이 생길 것이다. 그리고 모든 화폐의 가치가 표면상 같아져서 전 세계

는 단일 화폐를 보유할 것이다.

1990년대 금융업 관계자들은 세계적인 거대 단일 화폐를 꿈꿨다. 남미 국가들은 열성적으로 자국의 화폐와 미국 달러를 연계시켰고, 유럽 국가들은 자국의 화폐를 유로화로 대체했다. 그 결과 아르헨티나의 페소가 폭락하자 금융업 관계자들은 생각을 바꿨다. 페소를 미국 달러에 연계시켜 안정은 얻었지만, 그 안정이 그들을 빈털터리로 만들었다. 달러는 미국 경제에 적합했기 때문이다. 그리고 돈을 금과 연계시키는 제도는 빈부 격차를 심화한다는 문제점이 있다.

은행들이
다시 망한다면

데이비드 보일 David Boyle

역사를 훑어보면 은행들은 규칙적으로 도산했고, 그 빈도가 잦아진다는 것을 알 수 있다. 18세기에는 집단적 은행 도산 사태가 11차례 발생했고, 19세기에는 19차례, 20세기에는 33차례나 발생했다. 은행 몇 개가 파산하는 데 그친 적도 있지만, 도산 사태는 대개 금융업계 전반에 큰 위협을 주었다. 역사상 최악의 은행 도산 사태는 1930년 미국에서 일어났는데, 거의 1400개에 달하는 은행이 문을 닫았다. 그 뒤를 따르는 두 번째 사태는 1989년에 발생했다.

은행이 파산하면 항상 은행권에 대한 규제 강화가 뒤따랐다. 미 연방준비위원회는 북아메리카국립은행 National Bank of North America 이 파산함에 따라 촉발된 1907년 금융 위기에 대처하기 위해 설립되었고, 1929년 월 스트리트의 붕괴와 연속

되는 금융권의 실패 이후 글래스 – 스티걸법Glass-Steagall Act이 제정되었다. 하지만 이런 규제 강화에도 은행들은 파산했다.

은행 파산 문제가 심각해지는 데는 세 가지 이유가 있다. 첫째, 거래의 속도다. 어떤 컴퓨터에서는 초당 1만 건에 이르는 주식거래가 가능하다. 둘째, 기초 자산의 가치 변동에 따라 가격이 결정되는 파생 금융 상품의 800조 달러에 달하는 금액이다. 누가 얼마나 많은 돈을 투자했는지 명확하지 않기 때문에, 파생 금융 상품이 흔들리는 경우 무슨 일이 발생할지 예측할 수 없다. 셋째, 세계경제는 상호 의존적이며 그 상태가 어느 때보다 불안정하다.

현재 대다수 슈퍼마켓은 '적기 공급 시스템just-in-time delivery system'으로 운영되기 때문에, 사소한 경제 위기도 식품 공급 부족 현상을 초래할 수 있다. 이런 상황에서 금융시장이 또다시 붕괴되면 연료와 식품, 에너지 부족 현상이 급박하게 도래한다. 2008년 금융 위기처럼 세계경제가 원활히 돌아가도록 적절한 준비를 해도 이런 현상은 막을 수 없다. 금융시장이 자금을 조성하고 재원을 잘 배분하면 금융시장을 규제하는 것이 의미 있겠지만, 그렇지 못하면 더 안전하고 효과적인 대안을 모색해야 한다.

은행권이 전반적으로 붕괴되는 대재앙을 이겨냈다면 우리는 새로운 은행을 만들어야 한다. 중세에 그랬듯이 교회들이 가장 먼저 생길 것이다. 그다음은 전화 회사, 인터넷 검색 회사, 소셜 미디어 회사처럼 많은 정보를 가진 거대 기업들이 돌아올 것이다. 그리고 마침내 은행이 다시 등장한다. 하지만 이번에는 예전보다 고객에게 중요한 것에 집중하는 은행이 될 것이다.

놀라운
사실

지금까지 가장 빠른 주식거래는 **9800**만분의 **1**초를 기록했다.

2008년 파산한 워싱턴뮤추얼Washington Mutual은 자산이 **3080**억 달러에 달했다.

함께
생각하기

◆ 시세 상승론자와 하락론자를 모두 가둔다면 | 162쪽

◆ 은행이 없다면 | 218쪽

우리가 정말
미래를 생각한다면

헬렌 커슬리 Helen Kersley

사람들은 50년은커녕 1년 뒤보다 현재를
걱정한다. 잠재적인 단기 이익은 장기적인 이익보다 항상
우선시된다. 우리는 미래의 중요성을 잘 알지만, 우리의
결정과 사업 활동 그리고 정치에 잘 반영하지 못한다. 그
결과 우리는 연금에 많은 돈을 투자하는 것을 꺼리고, 대
출 업체는 장기 대출에 높은 이자를 부과하며, 정부는 기
후변화에 대한 정책적 결단을 미루고 있다.

미래가 불확실하다는 사실을 고려할 때 이런 행동은 어
느 정도 합리적이라고 볼 수 있으나, 현재의 결정이 미래
에 영향을 준다는 사실을 고려할 때는 비합리적이다. 천연
자원을 고갈시키는 것과 어린이를 위한 서비스를 지나치
게 삭감하는 것이 불러올 결과를 모두 알고 있다. 정책 수
립 과정과 비즈니스 결정에 경제학을 적용하면서 우리는

단기적 편견에 빠졌다.

비용편익분석으로 투자를 통한 편익이 비용을 초과하는지 알아낼 수 있다. 분석 결과는 인플레이션에 대비하고 미래의 비용과 편익을 하향 조정하는 것이 불가피하다는 점을 보여준다. 그러므로 10년 뒤 100파운드는 지금 70파운드 정도 가치가 있을 것으로 예상된다.

우리는 단기적인 이익의 가치를 높게 평가하다 보니 장기적인 보상이 기대되는 프로젝트에 투자하지 않는 경향이 있다. 또 미래의 비용을 과소평가하는데, 일례로 미래에 큰 부담이 될 연금 부채 문제를 들 수 있다. 우리가 미래를 더 중요하게 여긴다면 어떻게 될까?

우리에게 여러 가지 일에 대한 장기적인 안목이 생길 것이다. 단기적인 이익보다 장기적인 보상을 가져오는 프로젝트에 투자가 이어질 것이다. 장기적인 가치를 추구하는 동시에, 미래 세대가 감당해야 할 비용과 위험 요인을 좀더 신중하게 고려할 것이다. 지속 가능성에 대한 관심이 증가하고, 자원을 아껴 쓸 것이다. 주주들에게 많은 배당금을 지급하는 대신, 더 많은 수익금이 미래의 일자리와 번영을 위해서 기업체에 투자될 것이다. 아이들에게 가급적 많이 투자하고, 어른이 되어 누릴 행복에 해가 되는 것을 더 강력하게 제재할 것이다.

미래를 먼저 생각한다는 것은 수익을 만들기 위해 지금 철저하게 행동하고, 세대 간의 문제에 더 많은 관심을 기울이는 것을 의미한다. 이런 변화를 통해 오늘날의 문제가 간단히 해결될까? 우리는 현재의 손실을 감수하면서 장기적인 안목을 갖출 수 있을까? 하지만 우리가 미래 중심적 안목을 갖추면 현재의 나쁜 결과가 미래에 어떤 장기적인 결과를 초래할지 알기 때문에, 현실의 이익을 포기하는 것도 말이 되지 않는다.

놀라운 사실

우리가 이대로 물을 쓴다면, 2030년 세계 인구의 **50**퍼센트는 물 부족을 경험할 것이다.

현재 영국의 미래 세대가 감당해야 할 영국 정부의 연금 부채는 **4**조 **7000**억 파운드에 이른다.

함께 생각하기

◆ 이자가 없다면 | 134쪽

◆ 보험이 없다면 | 242쪽

비즈니스

경제학자들이 비즈니스를 대하는 태도는 항상 두 가지로 나눠졌다. 하나는 비즈니스가 경제학을 실용적으로 적용한 것으로, 경제적 풍요와 순환을 가능케 하는 꿀벌과 같은 역할을 한다는 것이다. 다른 하나는 경제학자들이 혼신의 힘을 기울여 개발한 훌륭한 이론과 경제적 모델에 비해 비즈니스가 지나치게 실용적이고 지저분하며 근본적인 모습을 보인다는 것이다.

하지만 르네상스 시대에 이탈리아 수학자이자 프란체스코회 수도사 루카 파치올리Luca Pacioli가 복식부기(기업의 자본과 자산의 변화를 이중으로 기록하는 부기 형식—옮긴이)를 개발한 뒤 경제학이 비즈니스에 유용한 도구가 될 수 있다는 것이 증명되었다. 중세 상인들은 복식부기 덕분에 1년 뒤 항구에 도착할, 아직 바다 위에 있는 자신들의 화물에 대한 가치를 실질적으로 가늠할 수 있었다.

20세기 중반 이후 등장한 경영경제학은 경제 이론과 통계학을 비즈니스 분석에 활용했다. 즉 기업체의 구성 방식과 기업이 직원, 고객, 시장과 맺는 관계를 경제학적으로 분석하는 것이다. 경영경제학자들은 기업들이 발생하고 성장하는 원인을 설명하려고 한다. 그리고 기업가들이 일하는 방식, 정부와 관계 맺는 방식을 연구한다.

무엇보다 경제학은 다양한 변화가 기업들의 현금 유동성과 수익성에 어떤 결과를 초래할지 예측해준다. 이 장에서 그 문제들을 다룰 것이다. 사람들이 지역 시장에서 물건을 사지 않으면 어떨까? 한 세기 전 루스벨트Theodore Roosevelt 대통령처럼 재벌에 대한 제재를 강화하면 어떻게 될까?

좀더 인간적인 질문을 해볼 수도 있다. 그리고 이런 질문

은 다른 해답을 요구한다. 우리가 발명을 멈춘다면 어떻게 될까? 이런 질문에 답하기 위해서는 역사가의 지혜와 심리학자의 통찰력이 필요하다. 경제 전문가의 관점도 필요하다. 이것들이 우리가 이번 장에서 다룰 내용이다.

광고를
금지한다면

헬렌 커슬리 Helen Kersley

광고가 없어진다면 우리가 처음 맞닥드릴 변화는 공간의 증가일 것이다. 길거리, 다양한 매체, 운동 경기장, 기차와 버스, 현관에 깔아놓은 매트 위까지 모든 광고가 사라지기 때문이다. 우리는 광고를 그리워할까? 어쩌면 우리는 광고 속 삽화나 문구를 다시 보고 싶어할 것이다. 하지만 지겹게 반복되던 홍보 판촉물과 스팸 메일을 다시 보고 싶은 사람은 아마 없을 것이다. 광고 속 정보는 어떤가. 우리가 소비 선택을 할 때나 제품에 대한 지식을 얻는 데 그 정보들이 도움이 되는가, 아니면 우리는 원치 않는 정보에 파묻혀 사는가?

광고의 역할은 오랫동안 논쟁의 중심에 있었다. 경제학자들은 광고가 사람들이 효율적인 선택을 할 수 있도록 가치 있는 정보를 제공한다는 입장과, 광고는 선별적인 정보

를 사용해 사람들이 끝도 없는 욕망에 사로잡히도록 조작할 뿐이라는 입장으로 대립했다. 1958년 캐나다의 경제학자 존 갤브레이스John Kenneth Galbraith는 『풍요한 사회The Affluent Society』에서 기업이 사람의 필요를 충족하는 제품을 만드는 것이 아니라, 사람의 마음속에 제품에 대한 욕망을 만든다고 말했다.

광고는 걱정과 불만족, 식습관 장애, 채무 등 다양한 문제와 연관성이 있다는 주장도 제기된다. 하지만 이런 문제가 광고 때문이 아니라, 사회의 조직적인 힘과 압력에 따라 발생하는 것이라는 반론도 있다. 광고는 우리 경제와 시장의 중요한 도구임에 틀림없다. 그러므로 광고를 금지하는 것은 게임의 규칙을 완전히 바꾸는 것과 같다.

광고가 없어지면 과소비는 줄겠지만, 새로운 시스템에 적응할 때까지 일자리도 감소하고 생계를 유지하기도 어려울 것이다. 광고 산업을 구성하는 많은 활동과 일자리는 광고 수입에 의존한다. 방송과 온라인 매체는 다른 자금 조달 방식을 찾아낼 수 있을까? 다른 산업 분야에서 광고 산업에 종사하던 사람들에게 새로운 일자리를 제공할 수 있을까?

진짜
그렇다면?

광고를 금지한다면 회사들이 값비싼 광고료를 지불할 필요가 없어지기 때문에 우리는 상품의 가격 하락을 기대할 것이다. 하지만 경쟁 시장에서 벗어날 수 없는 회사들은 소비자들의 눈길을 자사 브랜드로 돌리기 위해 다른 홍보 전략을 구상해야 할 것이며, 이 또한 현재 광고료와 상응하는 비용이 들 것이다. 새로운 기업 홍보는 현재의 광고보다 요란하지 않고, 우리 생활을 요란하게 만들지 않을 것이다. 그리고 우리는 광고 금지를 통해 생긴 공간을 어떻게 활용할지 생각해야 할 것이다.

놀라운
사실

2012년 전 세계에서 사용된 광고료는 **4500** 억 달러로 추정된다.

2005년 켄터키프라이드치킨이 광고료 1파운드를 쓸 때마다 얻은 수익 효과는 **4.3**파운드라고 한다.

함께
생각하기

◆ 돈이라는 게 없다면 | 34쪽

◆ 우리가 물건을 사지 않는다면 | 158쪽

보험이
없다면

팀 루닉 Tim Leunig

보험이 없다면 사람들은 일이 잘못되지 않도록 많은 노력을 기울일 것이다. 예를 들어 사람들은 도둑맞지 않으려고 잠금장치와 경보 장치를 구매할 것이다. 사람들은 홍수의 위협을 피하기 위해서 언덕 위에 집을 짓고, 낮은 지역에 있는 집을 살 때는 값을 많이 깎으려 할 것이다. 여러 직업에 종사하면 실직의 부담을 조금이나마 덜 수 있을 것이다. 절반은 상점에서 일하고, 나머지 시간에는 콜택시 기사로 일할 수도 있다. 사람들은 더 저축하려고 할 것이다. 저축이 가장 전통적인 보험이기 때문이다. 은행에 예금이 있다면, 차로 사람을 친다고 해도 세상이 끝난 것은 아니다. 치료가 필요할 때 돈을 지불할 능력이 있기 때문에 저축은 건강보험도 대체할 수 있을 것이다.

결혼은 보험이 없는 세상에서 가장 매력적인 제도가 될

것이다. 결혼하면 당신에게 문제가 생겨도 돌봐줄 사람이 있기 때문이다. 결혼은 여러 가지 면에서 부부가 체결한 종신보험 계약이다. 이 계약에서 보험 특약은 배우자가 도움이 필요할 때 돌봐주는 것이고, 그 대가로 당신도 배우자에게 도움을 받는다. 아플 때 배우자가 간병해주는 것이 이 계약의 가장 눈에 띄는 보장 내역이라고 할 수 있지만, 결혼은 이것 말고도 많은 이익을 제공한다. 예컨대 당신이 실직한다면 배우자의 소득에 기대어 살 수도 있고, 배우자와 함께 새로운 직장을 알아볼 수 있다.

자녀는 예부터 노후를 위한 장기적인 보험으로 여겨졌다. 어쩌면 당신은 자녀를 많이 낳아야 할 것이다. 자녀들 중 일부는 당신보다 먼저 죽을 수도 있다. 어떤 아이들은 결혼을 하거나 당신에게서 독립할 것이다. 또 일부는 변덕스럽거나 당신을 그냥 싫어할 수도 있다. 하지만 대부분 당신을 돌봐줄 것이다. 하지만 노후에 대한 보험 없이 아이들을 많이 낳아 기르는 일은 쉽지 않을 것이다.

보험은 매우 유용하기 때문에, 보험이 존재하지 않는다면 우리는 보험을 발명하고 말 것이다. 영리보험은 중세에 처음 시작되었는데, 당시 사람들은 평생 소득의 대가로 땅이나 그에 상응하는 재산을 내놓아야 했다. 현재 보험업계는 빈집털이나 개인 생명보험처럼 명확하게 규정할 수 있는 위험을 보장하고, 정부 또한 태풍 같은 자연재해가 닥쳐올 때 사람들이 안심하고 살 수 있도록 보장을 확대하고 있다.

놀라운 사실

세계적으로 GDP의 **6.9**퍼센트가 보험료로 사용된다.

2012년 방글라데시에서 국민 1인당 사용된 보험료는 **5**달러다.

2012년 네덜란드에서 국민 1인당 사용된 보험료는 **6000**달러다.

함께 생각하기

◆ 사회 같은 것이 있다면 | 102쪽

◆ 부동산 가격이 30년 전과 동일하다면 | 146쪽

국제무역이
금지된다면

팀 루닉 Tim Leunig

국제무역을 금지해도 큰 나라들은 많은 변화를 겪지 않을 것이다. 분명 미국 사람들은 바나나를 먹을 수 없고, 값싼 중국 공산품을 살 수 없으며, 포르셰 자동차도 탈 수 없을 것이다. 그래도 삶은 유지될 것이다. 미국에서는 사람들이 사고 싶어 하는 물건을 대부분 스스로 만들 수 있다. 실제로 포르셰 수입이 금지된다면 포르셰는 미국 공장에서 만들어질 것이다. 포르셰는 독일보다 미국에서 많이 팔릴 정도로 큰 시장이기 때문에 미국에 공장을 세워 충분히 운영할 수 있을 것이다. 국제무역이 금지되면 미국은 포르셰가 생산·판매되는 유일한 국가가 될 것이다.

이와 반대로 크지 않은 나라에서 인생은 지루해지고, 물가는 상승할 것이다. 이용할 수 있는 상품의 다양성은 지

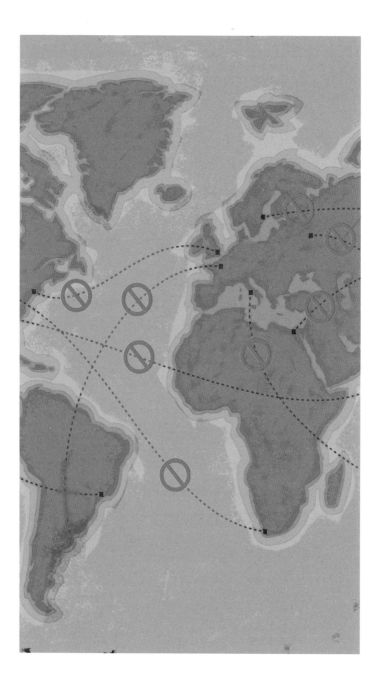

금보다 감소하고, 가격은 오를 것이다. 중국은 현재 규격화된 상품을 매우 싼값으로 생산한다. 그렇기 때문에 중국산 티셔츠를 국내산 티셔츠로 대체하면 가격 상승이 발생할 수밖에 없다. 노르웨이에서는 바나나를 재배하는 비용이 증가하고, 바나나는 가끔 먹는 별미가 될 것이다.

국제무역이 중단됨에 따라 석유와 다른 연료를 보유하지 않은 선진 산업국은 극심한 어려움을 겪을 것이다. 작은 나라들에게 국제무역의 중단은 치명적인 결과를 가져올 것이다. 바티칸시국과 안도라처럼 매우 작은 나라들은 국민에게 충분한 먹거리를 제공하지 못하기 때문에, 이 나라 국민은 망명하지 않으면 굶어 죽을 것이다.

국제무역의 중단은 중국 같은 개발도상국에도 부정적인 결과를 초래한다. 중국의 경제성장은 저비용으로 물건을 만들어 수출하는 산업에 의존하기 때문에, 국제무역의 중단은 중국이 선진국의 꿈을 포기해야 한다는 의미다. 뿐만 아니라 인도와 방글라데시처럼 중국의 뒤를 따라 발전을 꿈꾸던 나라들도 희망을 버려야 할 것이다.

1930년대 국제무역은 거의 씨가 말랐고, 그 결과 전 세계는 가난에 빠졌다. 1945년 이후 세계경제의 역사는 국제무역의 역사라 해도 지나친 말이 아니다. 국제무역이 불가능하면 국가들은 합병을 시도할 것이다. 작은 나라들은 이 선택을 피할 수 없는데 바티칸시국은 이탈리아로, 안도라는 프랑스와 스페인 중 선택해서 합병을 시도할 것이다. 유럽 국가들은 심지어 영국까지, 하나가 되어 거대 국가를 형성할 것이다. 그리고 세계 각국에서 대륙적인 국가를 목격할 것이다.

놀라운 사실

싱가포르의 GDP 대비 무역 비중은 **456**퍼센트다.

미국의 GDP 대비 무역 비중은 **25**퍼센트다.
미얀마의 GDP 대비 무역 비중은 **1.5**퍼센트다.

함께 생각하기

◆ 세계 단일 통화를 만든다면 | 46쪽

◆ 돈이 국경을 넘는 데 여권이 필요하다면 | 214쪽

대기업이 모두 망한다면

앤드루 심스 Andrew Simms

대기업을 모두 없애버린다면, 당신은 자신이 어디에 있는지 더 쉽게 말할 수 있을 것이다. 도시 경관은 많이 달라질 것이다. 은행과 기업체, 상점의 모양은 지역마다 달라지고, 각 지역의 특징이 또렷하게 드러날 것이다. 이런 변화의 일환으로 어떤 회사도 법적으로 시장점유율이 5퍼센트가 넘을 수 없다고 가정해보자.

소비자들에게 주어지는 현실적인 선택의 폭이 넓어질 것이다. 기업의 소형화를 통해 물류와 외주의 중심 쏠림 현상이 줄어들 것이다. 결국 사람들은 상품과 서비스에 쉽게 다가가고, 서비스 콜센터나 홈페이지를 이용하기 불편해서 스트레스 받는 일이 없을 것이다. 각 지역 경제는 더욱 균형적으로 발전할 수 있다. 새롭게 등장하는 시장경제에서 기업은 더욱 가까워지고, 그 책임감은 커진다. 그러

므로 규제 당국은 기업에서 일하는 노동자들의 권리와 건강 상태, 안전이 잘 보장되는지 철저히 관리·감독해야 할 것이다.

우량 기업들이 사라지면서 투자의 세계도 지역적으로 변하고, 주주들과 거대 자본에 좌지우지되던 경제는 사라질 것이다. 새로운 연금제도가 도입되어 사람들이 내는 연금은 지역 경제와 지역 내 환경 친화적 사회 기반 시설을 확충하는 데 투자될 것이다. 이런 연금 투자를 통해 사람들은 은퇴한 뒤뿐만 아니라 은퇴하기 전에도 사회적 이익을 누릴 수 있다.

기업들의 매출이 균일해지면서 중소 업체들은 더 많은 노동자가 필요하고, 일자리가 늘어날 것이다. 대기업에서 발생하던 엄청난 임금 격차를 중소기업들이 유지할 수는 없을 것이다. 그러므로 과도한 임금 인상은 사라지고, 좀 더 평등한 급여 체계가 자리 잡을 것이다.

　　대기업이 없는 세상이 더 나은 세상이 될지는 '규모의 경제'와 '규모의 불경제' 중 어느 것이 발생하는지에 달렸다. 규모의 경제에서는 수익 향상이 발생하지만, 규모의 불경제에서는 수익성 악화가 발생한다. 대기업을 없애는 것을 반대하는 사람들은 작은 기업들이 비효율적이고 혁신적이지 못하다고 주장한다. 하지만 작은 기업에서 혁신적인 아이디어를 만들어내는 경우가 더 많다. 문제는 시장을 열어놓고 독점과 소수 독점을 만들어내는 자유 시장의 맹점을 규제할 방안을 찾는 일이다.

놀라운 사실

거대 식품 업체 **30**개 사가 전 세계 식료품 판매 가운데 3분의 1을 차지한다.

5개 회사가 전 세계 곡물 거래의 **90**퍼센트를 통제한다.

함께 생각하기

◆ 시세 상승론자와 하락론자를 모두 가둔다면 | 162쪽

◆ 계약 이행을 강행할 때 민간 부문의 힘을 빌린다면 | 262쪽

지역 시장에서
물건을 사지 않는다면

앤드루 심스 Andrew Simms

우리가 동네 시장에서 물건을 사지 못한다면, 아마도 다음과 같은 사건 때문일 것이다. 골목 식료품점이 슈퍼마켓과 경쟁에서 버티지 못하고 문을 닫는다. 은행 지점은 충분한 이윤을 남기지 못해 문을 닫고, 구조조정으로 우체국도 문을 닫는다. 가게 임대료는 계속 올라가고, 골목 상권은 큰 어려움을 겪는다. 온라인 상점에서 물건을 사는 사람들이 증가하고, 결국 동네 상권에서 최후의 보루인 약국까지 규제 완화의 먹이가 되어 대기업이 시장을 장악하고 만다.

동네 시장에서 물건을 사지 않으면, 지역 경제에 활기를 불어넣을 사람이 없어진다. 동네 시장이 있던 곳은 쓰레기가 굴러다니는 황량한 거리가 될 것이다. 일자리를 만들고 지역 경제를 발전시키는 지역 사람들의 소비력이 다

른 도시로 빠져나가면서 과세 기반을 무너뜨린다. 거리에 낙서와 깨진 창문이 보이기 시작하면서 지역 경제의 장기적 침체가 시작된다. 이는 지역 내 대다수 부동산이 타 지역에 사는 집주인과 자산 운용 회사, 거대 프랜차이즈 회사의 것이기 때문이다.

극소수 사람들만 그 지역을 지키기 위해서 남을 것이다. 반사회적 행동과 범죄가 증가하면서 더 많은 사람들이 마을을 떠날 것이다. 거리에서 만날 수 있는 사람이 감소하면서 인색하고 외로운 분위기가 주변 지역까지 확산될 것이다. 사교 활동에 참여하는 사람이 줄고, 지역적 무관심 현상이 확대되면서 지역 행사나 자원봉사 활동에 참여하는 사람도 급격히 줄어든다.

사람들은 집에 처박혀서 온라인으로 물건을 사거나, 차를 타고 다른 지역의 대형 마트로 쇼핑하러 갈 것이다. 불안감과 소외 현상이 심해지고, 사람들은 서로 믿지 못할 것이다. 번잡하던 동네 시장이 지역 사람들을 하나로 묶어주는, 보이지 않는 사회·경제적 장치였다는 사실을 분명히 깨달을 것이다. 이런 일은 한번 발생하면 되돌리기 어렵다.

지역공동체와 연관성이 줄면서 사람들이 느끼는 일반적인 행복이 감소하고, 사회 참여율도 낮아질 것이다. 연구자들은 미국에서 이런 상황이 발생하는 것을 연구했는데, 해당 지역의 투표율이 현저하게 떨어졌다. 사람들 사이에 우울증이 증가하면서 다양한 건강상의 문제가 발생하고, 의료·서비스업계는 많은 부담을 느낀다. 지역 상권이 붕괴한 결과를 목격했기 때문에, 정부는 새로운 지역 경제를 만들기 위해 많은 장려책을 도입할 것이다. 낮은 지역 세수와 임대료의 대책도 제안될 것이다.

놀라운 사실

영국에서 대형 마트가 들어서는 경우 반지름 16킬로미터 지역에서 평균적으로 **276**명이 실직했다.

미국에서 온라인 쇼핑으로 해마다 지방정부가 잃는 세금은 **114**억 달러에 이른다.

2012년 미국 지역 점포 중 **19**퍼센트는 임대되지 않아 빈 상태다.

함께 생각하기

◆대기업이 모두 망한다면 | 250쪽

국가를 상대로
벌금을 물린다면

영국 수상 데이비드 로이드 조지David Lloyd George가 1차 세계대전 종전 협상을 위해 프랑스에 갔을 때, 젊은 경제학자 존 케인스도 협상 자문단에 동행했다. 종전 협상 결과 베르사유Versailles조약이 체결되었고, 세계경제를 망가뜨린 독일에게 막대한 전쟁배상금을 물렸다.

1919년 초, 협상을 위해 다른 나라 대표단과 함께 프랑스에 도착한 케인스는 영국과 프랑스가 독일에게 지나친 전쟁배상금을 요구하는 것을 미국 대통령 토머스 윌슨이 고상한 접근방식으로 막아주기를 바랐다. 윌슨 대통령의 노력은 시간이 지남에 따라 실패로 돌아갔고, 영국 수상 로이드 조지와 프랑스 대통령 조르주 클레망소Georges Clemenceau의 지나친 요구에 케인스는 경악을 금치 못했다. 건강이 악화된 케인스는 실망 속에 본국으로 돌아가서 자신을 유명하게 만든 책을 집필하기 시작했다.

케인스는 책에서 세계 지도자들을 상세히 묘사했는데, 유럽 국가들이 한 세대 동안 비용을 지불해야 했던 미국 전시공채를 탕감해주지 않은 윌슨 대통령을 강하게 비난했다. 사람들은 이런 설명 방식을 좋아했다. 경제학 책에서 찾아볼 수 없는 독특한 방식이었기 때문이다. *The Economic Consequences of the Peace*(평화의 경제적 귀결)는 유럽과 북미에서 곧바로 베스트셀러가 되었고, 미국인에게 베르사유조약과 윌슨의 국제연맹 League of Nations 을 지지하는 것이 옳지 않은 행동임을 확인하게 해주었다.

독일에 지나친 전쟁배상금을 강요하는 것은 전 세계의 경제에 좋을 게 없다는 케인스의 주장은 점점 설득력을 얻었다. 케인스는 20년 안에 새로운 전쟁이 발발할 거라고 예측했고, 실제로 1939년 전쟁이 터졌다.

당시 독일에게 부과된 전쟁배상금은 1320억 마르크인데, 이를 오늘날 가치로 환산하면 4500억 달러다. 독일은 1931년 200억 마르크를 배상금으로 지불했는데, 절반 이상을 뉴욕의 은행들에서 대출 받았다. 하지만 전쟁 전에 독일은 유럽의 경제 동력이었고, 영국과 미국 제품의 주요 수입국이었다. 독일이 영국과 미국의 제품을 구매할 수 없다면, 끔찍한 결과가 발생할 것이 불 보듯 뻔했다. 케인스

는 불경기가 찾아올 거라고 경고했다. 그리고 10년 뒤 찾아온 대공황은 그가 옳았음을 증명했다.

얄궂게도 케인스는 대공황 당시 로이드 조지 수상과 함께 새로운 토대를 닦았다. 이는 '케인스 경제학'이라고 알려졌는데, 대공황을 이겨내기 위한 대안으로 대중 소비를 장려할 것을 제안했다. 하지만 케인스와 로이드 조지는 히틀러의 독일을 대하는 방법에서 큰 차이를 보였다. 베르사유조약에 신물이 난 로이드 조지는 히틀러에게 유화정책을 사용하길 원했고, 케인스는 다시 군대를 무장해서 히틀러에게 대항하길 원했다.

최근에 역사가들은 베르사유조약에 새로운 관점을 제

시하기 시작했다. 엄청난 배상금을 책정한 목적은 실제로 배상금을 다 받아내기 위한 것이 아니고, 고국에 돌아갔을 때 우매한 대중이 그 많은 액수를 독일이 배상하는 것으로 믿게 하기 위함이라는 주장이다. 조약의 조항 역시 독일이 연합군에 제안하려 한 것보다 훨씬 너그러웠다고 한다.

바로 이것이 국가에 배상금을 물릴 때 생기는 결과다. 한 국가에게 엄청난 배상금이 부과되면 그 배상금을 부과한 나라의 경제까지 망치고 만다. '눈에는 눈을 고집하면 전 세계가 장님이 된다'는 속담이 경제에도 적용되는 것이다.

계약 이행을 강행할 때
민간 부문의 힘을 빌린다면

팀 루닉 Tim Leunig

법적 구속력이 있는 계약은 많지 않다. 당신은 이 책에 '빠른 갈색 여우가 게으른 강아지 위로 점프한다'는 문장이 50쪽 이상 반복되면 출판사를 고소할 수 있다. 하지만 나는 당신이 고소하지 않을 거라고 확신한다. 그럴 만한 가치가 없기 때문이다. 출판사들은 의미 없는 문장으로 채워진 책을 출판하지 않는다. 그러면 출판사의 명성이 땅에 떨어질 것이기 때문이다. '출판사가 독자들에게 사기를 쳤다'는 기사가 주요 매체와 소셜 미디어를 장식할 것이다. 출판업계는 당혹감을 감추지 못할 것이고, 해당 출판사는 파산에 이를 것이다.

평판을 걱정할 일이 없는 영세업자들이 저질 상품으로 소비자를 속일 가능성이 더 높다. 많은 사람들이 집을 지을 때 개인적으로 친분이 있거나 친구들이 추천해준 건축

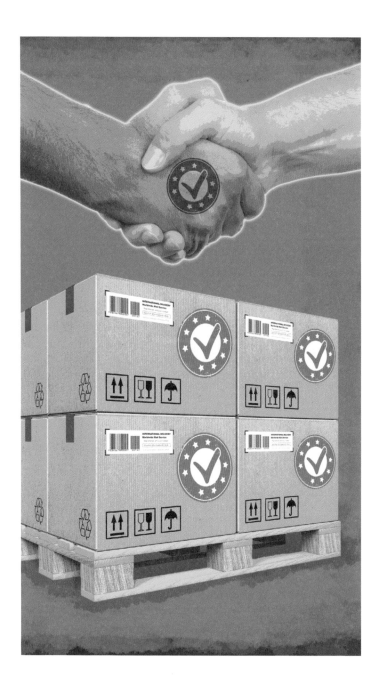

업자에게 일을 맡기는 것도 이 때문이다. 그러므로 많은 경우 법적인 관계를 생각하기보다 지역적 혹은 전국적 명성을 보고 거래처를 선택한다.

계약 이행을 강요하는 정부의 능력은 큰 사건에만 유효하다고 볼 수 있다. 중세에는 이것마저 가능하지 않았기 때문에, 민간 부문에서 대안을 만들었다. 예를 들어 중세에 일종의 장터가 탄생했는데, 장터에서 물건을 팔고 싶은 상인은 장터 관리자에게 수수료를 지불해야 했다. 관리자는 상인의 물건을 확인하고, 상인에게 정확한 무게와 측정법을 사용할 것을 요구했다. 물건에 이상이 있으면 구매자는 관리자에게 그 문제를 말했다. 관리자가 구매자 의견에 동의하는 경우 상인은 구매자에게 보상해주어야 했고, 그렇게 하지 않을 경우 장터 출입이 영원히 금지되었다.

이런 규칙은 구매자들이 한 번도 만나보지 못한 사람에게서 마음 놓고 물건을 살 수 있게 만들었고, 정직한 상인과 그 물건을 사려는 사람들이 장터로 모였다. 일반적으로 계약을 이행하도록 강요하는 일은 정부가 효과적으로 할 수 있지만, 필요한 경우 민간 부문도 나설 수 있다.

일부 국가, 특히 빈곤국에서는 법치주의가 일관성 있고 빠르게 실현되지 못하거나 거의 존재하지 않는 경우가 많다. 이 경우 사람들은 자신이 알거나 믿을 수 있는 사람들과 거래한다. 사람들은 정부나 정부의 지원을 받는 단체들과 엮이는 문제를 피할 것이다. 문제가 생기면 법원이 사건의 본안에 관계없이 정부에 유리한 평결을 내릴 거라고 생각하기 때문이다. 부패한 정부는 무정부 상태만 못하다.

 놀라운
사실

미국에서 강제 집행되는 계약은 하루 평균 **370**건이다.

중국에서 강제 집행되는 계약은 하루 평균 **406**건이다.

아프가니스탄에서 강제 집행되는 계약은 하루 평균 **1642**건이다. 지난 4년 반 동안 이런 추세가 지속되었다.

함께
생각하기

◆ 보험이 없다면 | 242쪽

◆ 대기업이 모두 망한다면 | 250쪽

발명을
멈춘다면

팀 루닉 Tim Leunig

사람들은 이 세상이 시작되면서 발명을 시작했다. 부싯돌칼처럼 작은 발명품도 있고, 엄청나게 큰 발명품도 있다. 이집트의 피라미드를 보면 고대 인간들이 얼마나 독창적이있는지 알 수 있다. 인류는 물리적인 발명품뿐만 아니라 추상적인 개념도 만들어냈다. 법치주의와 숫자 0 같은 개념을 만든 것은 엄청난 발명이다.

오늘날 인류는 필요한 모든 것을 발명한 듯 보인다. 물론 필요하지 않은 발명품도 많다. 지금도 발명품이 쏟아지고, 우리에게 어떤 물건이 생기면 그 물건 없이 살아가는 것은 상상하기 힘들다. 새로운 발명품은 경제성장의 원동력이 되기 때문에, 우리가 발명을 그만둔다면 경제성장은 심각한 수준으로 둔화될 것이다. 날개 돋친 듯 팔려 소매업자들의 사업에 큰 도움이 되는 올해의 히트 상품은 없어

질 것이다.

사람들은 매력 있는 신제품을 살 돈을 벌기 위해서 더 열심히 일하는 경향이 있다. 즉 발명품 자체가 경제에 좋은 역할을 하는 것이다. 하지만 신제품이 나오지 않는다고 해서 경제성장이 멈추지는 않을 것이다. 존재하는 상품에 새로운 사용 방식을 만들어서 경제성장을 이룩할 수 있기 때문이다. 포드의 '모델 티Model T'는 특별한 차가 아니지만, 대량생산으로 특별한 차가 되었다. 대량생산을 통해 자동차 값이 내려갔고, 더 많은 사람들이 자동차를 구매할 수 있었다.

우리가 새로운 발명품을 만들지 않는 동시에 종전 상품을 사용하는 새로운 방식을 만들지 않을 때 경제성장은 비로소 멈춘다. 그렇더라도 가난한 나라들은 세계적으로 존재하던 기술을 모방해서 경제성장을 이룩할 수 있다. 발명이 멈춘 세상은 지루해질 것이다. 인류가 만들 수 있는 책과 시, 영화를 모두 만들었다고 가정해보자. 상상할 수 있는 모든 그림을 그렸고, 모든 사진을 찍었으며, 모든 뉴스 보도가 완성되었다고 생각해보자. 그렇다고 해도 우리는 절대 발명을 그만두지 않을 것이다.

인간의 창의력에는 한계가 없다. 과학자들은 사고를 내지 않고 주어진 연료를 가지고 정확히 목적지에 도달하는 자동 운전 시스템 자동차를 개발 중이다. 사진과 동영상을 찍을 수 있는 안경도 개발하고 있다. 심지어 보잘것없어 보이는 세탁용 세제도 계속 진화한다. 새로운 세제 덕분에 더 적은 물로 에너지를 절약하는 더 빠른 세탁이 가능해졌다. 인간이 발명을 멈추는 세상은 상상조차 할 수 없다.

 놀라운
사실

2010년 현재 **일본, 미국, 중국, 대한민국**은 세계에서 가장 많은 특허를 보유한 국가들이다.

개발도상국에서 TV를 광고하기 시작해서 모든 국민이 TV를 소유하는 데 걸리는 시간은 **20**년이다.

 함께
생각하기

◆ 우리가 물건을 사지 않는
   다면 | 158쪽

◆ 경제의 목적이 행복이라면
   | 194쪽

지/은/이/소/개

데이비드 보일David Boyle은 경제학과 역사 분야의 저술가이자 비평가다. 영국 국무조정실과 재무부의 자문 위원을 지내기도 했다. *Money Matters, Money Changers and Funny Money*(금전 문제, 환전상 그리고 가짜 돈)를 비롯해 많은 책을 저술했다. 또 영국의 「가디언Guardian」 『뉴스테이츠먼New Statesman』에 기고하고 있다.

토니 그린햄Tony Greenham은 경제학자다. 공인회계사와 투자은행가로 일했으며, 현재 영국의 민간 싱크탱크인 신경제재단New Economics Foundation에서 금융 제도를 연구한다. 또 돈과 은행에 대한 언론 매체 기고, 대중 연설을 하고 있다. *Where Does Money Come From? A Guide to the UK Monetary & Banking System*(돈은 어디에서 오는가? 영국의 통화와 금융 제도 가이드)을 비롯한 책과 여러 논문, 보고서를 저술하고 있다.

헬렌 커슬리Helen Kersley는 현재 신경제재단에서 연구팀장으로 일한다. 영국 재무부에서 국제금융 전문가로 활약했으며, 유럽부흥개발은행EBRD에도 재직했다. 신경제재단에서 일하기 전, 저소득 국가 정부와 환경적으로 지속 가능한 개발과 투자를 하는 단체를 지원하는 사회적 기업 Advocacy International에서 4년 동안 연구원으로 일했다.

팀 루닉Tim Leunig은 런던정치경제대학교London School of Economics and Political Science의 연구 교수로, 여러 차례 국제적인 상을 받았다. 학술적인 논문과 정책 중심적인 보고서를 많이 저술했으며, 영국 정부와 경제협력개발기구OECD의 자문 위원으로 일했다. 주요 일간지와 잡지에 기고하는 한편, TV와 라디오 방송에도 자주 출연한다. 트위터에서 @timleunig 계정으로 활동 중이다.

루스 포츠Ruth Potts는 선동적인 팸플릿을 배포하고, 급진적 거리 운동을 하는 공동체 '빵, 출판 그리고 장미bread, print & roses'의 공동 설립자다. 슈마허대학Schumacher College에서 경제학 석사 학위를 받았고, 신경제재단의 '위대한 변화' 부서에서 캠페인 코디네이터로 근무했다. 또 신경제재단 *Clone Town Britain*(클론 타운 브리튼) 보고서의 공동 지은이며, 그린뉴딜그룹Green New Deal Group을 언론에 소개하는 일을 맡고 있다. 경제개혁을 위한 국제회의를 기획하고, 은행 개혁 캠페인을 벌이며, 런던London의 사우스뱅크 센터Southbank Centre 주변에서 행사를 개최하는 일을 한다.

앤드루 심스Andrew Simms는 베스트셀러 *Tescopoly*(테스코폴리)를 비롯해 여러 권을 집필했다. 과학 전문지 『뉴사이언티스트New Scientist』는 그를 '진보적 마스터'라고 묘사했다. 오랫동안 경제 운동가로 살아왔으며, 지역 골목 상권의 회복 문제를 연구하면서 '클론 타운clone town'(지역의 주요 상권이 다양성 대신 대형 체인점에 지배되는 현상—옮긴이)이라는 용어를 만들었다. 혁신적인 개념을 도입한 *Green New Deal*(그린 뉴딜)의 공동 지은이고, 가난한 나라의 빚을 탕감해주기 위한 '주빌리Jubilee 2000'을 공동 기획했으며, '지구 생태 용량 초과의 날ecological debt day'을 고안했다. 극심한 가난과 기후 문제 등 지구의 중요한 현안을 처리하지 못하는 국제사회의 노력을 20년 동안 지켜본 뒤, 최근에 *Cancel the Apocalypse*(파멸을 종식하라)를 출간했다.

나무에 돈이
열린다면

펴낸날 | 초판 1쇄 2014년 2월 20일

지은이 | 데이비드 보일 외
옮긴이 | 정록엽
만들어 펴낸이 | 정우진 강진영 김지영
펴낸곳 | 황소걸음
꾸민이 | 홍시 happyfish70@hanmail.net

출판등록 | 제22-243호(2000년 9월 18일)
주소 | 서울시 마포구 신수동 448-6 한국출판협동조합 내
편집부 | 02-3272-8863
영업부 | 02-3272-8865
팩스 | 02-717-7725
이메일 | bullsbook@hanmail.net

ISBN | 978-89-89370-85-7 03320